Frau Dorriman

Ein Roman.

Band 3

Frau Henry Wayland Chetwynd

Writat

Diese Ausgabe erschien im Jahr 2024

ISBN: 9789359947662 .

Herausgegeben von
Writat
E-Mail: info@writat.com

Inhalt

KAPITEL I.

Der Frühling, der sich durch Rauch und Nebel kämpft, schmuddelige Spatzen, die im Gras spielen, und ein besorgtes Gesicht, das alles betrachtet.

Die von der Jugend hinterlassenen Falten vertiefen sich und werden mit zunehmendem Alter deutlicher, und in den Gesichtern älterer Menschen kann man im Allgemeinen die Geschichte der ersten drei Jahrzehnte ablesen. Mrs. Dorriman, die in ihrer Jugend unter Ungerechtigkeit und einem Mangel an Zuneigung litt, trug die Merkmale von beidem; Nichts als ihre wirkliche Sanftmut hatte sie vor Verdrießlichkeit bewahrt, denn Verdrießlichkeit ist ebenso das Ergebnis ständiger Unterdrückung bei jemandem, der von Natur aus schwach ist, wie Gewalt und Zorn das Ergebnis eines ungezügelten Temperaments in der Jugend sind.

Aber als Frau Dorriman die rauchigen Spatzen und das Gras betrachtete, das unter Schwierigkeiten grün wurde, bemerkte sie, dass die Vögel kämpften und nicht spielten; jeder von ihnen wollte einen langen Strohhalm und beneidete ihn. Alleine konnten sie es nicht heben, und doch wollten sie ihre Kräfte nicht bündeln, und schließlich musste es dort der Gnade des Windes überlassen werden. Ihre erfolglosen Einzelbemühungen für eine so hoffnungslose Sache erschienen der armen kleinen Dame wie ein typischer Mensch, der seine Zeit mit dem Kampf um das Unerreichbare verschwendet und nie erkennt, wie vollkommen fruchtlos seine Bemühungen sind.

Aus diesem alltäglichen Nachdenken wurde sie durch das Eintreten des Dieners gerissen.

Mr. Sandford, dem es besser ging und der an seinem Schreibtisch beschäftigt war, hatte sich seit seinem letzten Anfall stark verändert. Sein Verhalten war immer noch grob, und seine Rede war herrisch, weil die Gewohnheit seines Lebens nicht so leicht abzulegen war, aber auf verschiedene Weise zeigte er seiner Schwester, wie sehr er gelernt hatte, sie zu schätzen. Sein eigenes Bewusstsein, nicht ganz derselbe zu sein – worauf er jedoch nie offen hinwies –, die verschiedenen Enttäuschungen, die er im Geschäftsleben erlebte, das Scheitern einiger seiner liebsten Pläne – all das führte dazu, dass er sich an seine Schwester als einziges Objekt klammerte der in seinem Leben immer derselbe war und der ihn nie enttäuschte.

Obwohl zwischen ihnen ein für ihn so wichtiges Geheimnis lag, dass er ständig danach strebte, es zu vergessen, ließ ihn ihr Anblick bei ihm oft für einen Moment vergessen, dass irgendetwas Unangenehmes zwischen ihnen lag.

Ihrerseits hatte man seine frühere Härte und die verschiedenen Ereignisse ihres Lebens, an denen er beteiligt gewesen war, zunächst entschieden von ihr verdrängt und schließlich vergessen. Tatsächlich war das einzige Gefühl, das sie jetzt hatte, im Zusammenhang mit ihrem Ehemann und der ständigen Verwirrung darüber, ob es christlich sei oder richtig sei, von der ewigen Kameradschaft abzuweichen, von der jedes Buch, das sie las, als den tiefsten Trost für sie galt. Sie hatte ihren Bruder liebgewonnen, er schätzte ihre Haushaltstugenden, und eine Frau verzeiht viel, wenn sie Anerkennung für das findet, worauf sie stolz ist. Sie hatte die Spatzen beobachtet, und mit einem kurzen Selbstvorwurf über ihre eigene Trägheit drehte sie sich um zur Tür und sah, dass ein Telegramm in der Hand des Dieners war. Ein Telegramm! Dort waren zwei!

Da sie darauf bedacht war, Mr. Sandford nicht zu erregen, riss sie eines davon auf. Es war von Mr. Macfarlane.

„Verheerender Brand hier und großer Verlust – Ihre Papiere sind alle in Sicherheit.“

Die arme kleine Frau, die so plötzlich an das erinnert wurde, was sie fast vergessen hatte, hatte das Gefühl, als wäre eine explosive Substanz auf sie geworfen worden. In ihrer Verwirrung streckte sie ihrem Bruder das Telegramm entgegen und vergaß im Moment alles außer dem Impuls, sein Mitgefühl zu empfinden, dann sagte sie mit einem kurzen Erinnerungsblitz: „Ich hatte nicht vor, es zu zeigen“ und hielt es hin ihre Hand dafür.

Zu spät! Mr. Sandford hatte es gelesen und beobachtete nun mit wütenden und empörten Augen ihr Gesicht.

„Auf welche Papiere beziehen sich diese?“ fragte er mit rauer Stimme.

„Papiere, die meinem Mann gehörten – mir. Ich hatte sie vergessen.“

„Worum geht es ihnen?“ Seine Stimme war hart und erinnerte sie schmerzlich an alte Zeiten; Auch etwas von der Angst, die sie damals so festhielt, überkam sie jetzt.

„Ich habe sie nicht gelesen.“

Seine Augenbrauen klärten sich ein wenig, doch zu seinem Erstaunen stellte er fest, dass sie es doch nicht vergessen hatte. In letzter Zeit seien sie viel mehr zueinander gewesen, hatte er gedacht, und die ganze Zeit über hatte sie diese Waffe in Reserve gehalten, um ihn zu schlagen.

Darin lag so viel Verrat, dass er wie vom Blitz getroffen war. Wie wenig hatte er die Tiefen ihres Charakters erkundet, wenn sie dazu fähig war.

„Bruder", sagte sie, „du kannst mir sagen, was ich nie selbst herausgefunden habe. Wird irgendetwas in diesen Papieren meinen Mann in meiner Wertschätzung erhöhen oder wird er in meinen Augen herabgesetzt?"

„Woher weiß ich, wie Sie Ihren Mann schätzen?" fragte er grob; „Er war ein freundlicher, gutherziger Kerl, kein Geschäftsmann, aber rücksichtsvoll und freundlich zu *Ihnen* . Sie haben nichts, worüber Sie sich beschweren könnten."

Nichts zu meckern! nachdenklich an sie! Die arme Frau Dorriman dachte, sie hätte nicht richtig hören können. „Er hat mich abhängig gemacht", sagte sie mit einem Schluchzen in der Stimme.

Mr. Sandford schrumpfte, dann sagte er schnell:

„Was wolltest du, was du nicht von mir bekommen hast?"

„Ah, Bruder! Es ist nicht dasselbe; du weißt nicht, wie bitter es ist, alles zu schulden, einer Verpflichtung unterworfen zu sein, obwohl es nicht hätte notwendig sein sollen. Ich hätte meine eigene haben sollen."

Dieser Schrei, das Ergebnis monatelanger und sogar jahrelanger ständiger Trauer um Mrs. Dorriman, warf für ihren Bruder ein völlig neues Licht, dessen gröbere Lebensauffassung darin bestand, dass dies der Fall war, solange Geld, Essen und Kleidung vorhanden waren egal von wem sie kamen. Er gehörte auch zu den Männern, die der Meinung waren, dass eine Frau nichts mit Geld zu tun habe; die glauben, dass sie von Natur aus nicht in der Lage sind, über Investitionen zu verfügen oder auch nur ihr Einkommen zu kontrollieren, das über den Teil hinausgeht, der ihnen für die Bezahlung einer Metzgerrechnung oder den Kauf eines mehr oder weniger leichtfertigen Kleidungsstücks zusteht.

Er starrte sie schweigend an und war sich bewusst, dass über diese neue Phase ihres Charakters nachgedacht werden musste, wenn sie nicht da war. Dann sagte er:

„Schreiben Sie für diese Papiere; in Ihren Augen steht darin nichts, was Ihrem Mann schaden könnte. Er hat an Sie gedacht."

„Warum gehörte Inchbrae dann nicht mir? Als er mir sagte – zumindest *glaube ich* , dass er es mir sagte –, dass es mir gehörte und du es verkauft hast, wie konnte er dann an mich denken und mich nicht unabhängig lassen? Wenn Inchbrae mir gehörte, wie könnte er das tun?" Du verkaufst es und ich willige nie ein?"

„Anne", sagte Mr. Sandford, „bis die Zeitungen kommen, werden wir das Thema fallen lassen – wenn sie kommen, werden Sie es verstehen. Lesen Sie das andere Telegramm." Er sprach mühsam, und Mrs. Dorriman öffnete hastig das gelbe Schreiben auf ihrem Schoß, da sie sich der Vernachlässigung in einer anderen Richtung bewusst war. Es war von Grace.

„Hier gibt es allerlei Komplikationen – können Sie nicht vorbeikommen oder jemanden schicken, der Margaret helfen kann? Ihr Mann ist krank."

Dann war alles außer dieser neuen Angst vergessen. Mrs. Dorriman hatte das Gefühl, dass das Leben jetzt viel zu viel für sie sei. Ihre eigenen Angelegenheiten waren für sie von großem Interesse – damals die Zeitungen, ihr Bruder und jetzt Margaret.

„Sie sagt nicht, welche Art von Hilfe benötigt wird, und warum hat Margaret sich nicht selbst telegrafiert?"

Das war Herr Sandford; Seine Schwester saß da und dachte nach, kam der Lösung nicht näher und blickte hilflos direkt vor sich hin.

„Sie hat Jean", sagte sie schließlich.

Herr Sandford gab keine Antwort. Er lehnte sich in seinem Stuhl zurück und dachte nach, und aus seinem Gesichtsausdruck war ersichtlich, dass ihm seine Gedanken sehr schmerzten; dann sagte er langsam:

„Es gibt einen Mann, den ich nicht mag, und er mag mich auch nicht, aber er ist der einzige Mensch, der mir einfällt, der Margaret im Moment helfen kann. Sein Name ist Stevens. Er war Draytons Manager und hat ihn verlassen." weil Drayton seinen Rat bezüglich einer von mir empfohlenen Investition nicht beherzigen würde.

„Das sagt nicht viel über seine Weisheit aus", sagte Frau Dorriman, die blind an die finanziellen Möglichkeiten ihres Bruders glaubte.

„Es zeigte seine Weisheit", sagte Herr Sandford kurz.

„Die Investition war riskant, wenn nicht sogar schlecht."

Mrs. Dorriman sah ihren Bruder mit weit geöffneten Augen voller Erstaunen an.

Mr. Sandford lachte kurz, ohne jegliche Heiterkeit. Nach ein oder zwei Augenblicken sagte er:

„Telegrafieren Sie diesem Mann und bitten Sie ihn, sofort nach Wandsworth zu gehen."

„In deinem Namen oder in meinem?" fragte Frau Dorriman, als sie ein Telegraphenformular zu sich heranzog.

„In Margarets Namen. Sagen Sie: ‚Mrs. Drayton fleht Mr. Stevens an, sofort zu ihr zu kommen. Ihr Mann ist sehr krank.' Sagen Sie: „The Limes,

Wandsworth." Ich denke, er wird darauf reagieren", sagte Herr Sandford, als er klingelte und das Telegramm abschickte.

Mrs. Dorriman schrieb an Mr. Macfarlane und verließ dafür das Zimmer. Die Worte ihres Bruders über ihren Mann waren für sie voller Geheimnisse, aber sie klammerte sich an seine Aussage, dass ihr Mann an sie gedacht hatte, und versuchte, überhaupt nicht daran zu denken. Schon bald würde es ihr klar sein, und wenn es sie glücklicher machen würde, alles zu verstehen, sehnte sie sich umso mehr danach, dass die Erklärungen vorbei seien.

Sie beendete ihren Brief, fragte sich, ob sie genug und nicht zu viel gesagt hatte, und saß mit dem gefalteten und versiegelten Brief zwischen ihren Händen da, mit etwas von ihrem üblichen Zögern, wenn sie einen wichtigen Schritt getan hatte. Dann stand sie schnell auf und schickte es weg. Sie hatte das Gefühl, sie müsse in die Gegenwart ihres Bruders gehen, nachdem sie seine Wünsche erfüllt hatte. Dann hatte sie keinen Moment zum Nachdenken, denn die sonst so stille Haustürklingel klingelte laut, und einen Moment später kam ein großer, breitschultriger Mann mittleren Alters ins Zimmer und ging direkt auf sie zu.

„Mrs. Dorriman, glaube ich? Mir wurde gesagt, dass Mr. Sandford krank ist, also habe ich nach Ihnen gefragt. Mein Name ist Stevens", und er schüttelte ihr die Hand und setzte sich, als wäre er sich seines Willkommens sicher.

„Ich – wir haben Ihnen gerade telegrafiert, Mr. Stevens."

„Hah! Was ist mit?"

„Mr. Drayton ist sehr krank und Margaret – wir wollten, dass Sie zu ihr gehen."

„Genau das, was ich befürchtet habe", sagte er; „Ich hatte einen Brief von Sir Albert Gerald, der mit mir über einige walisische Grundstücke, einige Minen usw. korrespondierte; er sagte, er sei sicher, dass Mr. Drayton zu krank sei, um nur von seiner Frau versorgt zu werden; das sei er Aufgrund seines Verhaltens war ich davon überzeugt, dass sein Geist beeinträchtigt war, weil ich dachte, ich sollte sofort loslegen und sehen, ob ich von Nutzen sein kann.

„Danke", sagte Frau Dorriman herzlich; „Soll ich Ihnen das Telegramm zeigen, und möchten Sie meinen Bruder sehen?"

„Ich brauche deinen Bruder nicht zu stören. Ja, zeig mir das Telegramm."

Mrs. Dorriman verließ den Raum und ließ Mr. Stevens zurück, der im Raum auf und ab ging.

„Was für eine schreckliche Schande, dass es ein junges Mädchen zugelassen hat, ihn zu heiraten!" er murmelte; „Und Sandford wusste es, denn ich selbst habe es ihm gesagt."

Als sie eintrat, nahm er Frau Dorriman das Telegramm aus der Hand, zerknüllte es und sagte „Auf Wiedersehen", und bevor Frau Dorriman überhaupt bemerkt hatte, dass er da war, war er gegangen.

Sie setzte sich für einen oder zwei Moment hin, um sich zu erholen, und war sich bewusst, dass ihr in Mr. Stevens plötzlich eine mächtige Hilfe zuteil geworden war.

In seinem Verhalten lag eine Schnelligkeit und Entschlossenheit, die für sie unaussprechlich tröstend war. Obwohl sie sehr wenig über ihn wusste, war in seinem Gesicht immer noch eine Mischung aus Freundlichkeit und Klugheit zu erkennen, und eine geradlinige Ehrlichkeit, die sie beeindruckte.

Sie erhob sich, um sich ihrem Bruder anzuschließen, nachdem die Hälfte ihrer Mühen erledigt war.

„Wer war hier?" fragte er, als sie den Raum betrat.

„Oh, Bruder, was für eine wundervolle Sache! Kaum war mein Telegramm an Mr. Stevens verschwunden, erschien er selbst. Er hatte etwas gehört und kam, um herauszufinden, was wir wussten."

Mrs. Dorriman atmete erleichtert auf, als sie sich setzte.

„Wer hat ihm geschrieben?" fragte Herr Sandford; „Kennt Grace ihn?"

„Das glaube ich nicht; aber Sir Albert Gerald schrieb. Er korrespondierte geschäftlich mit ihm."

„Sir Albert Gerald?" rief Herr Sandford aus; „Ist er nicht der Mann, der in Lornbay beinahe getötet worden wäre?"

„Und das hat Margaret gefunden? Ja", sagte Mrs. Dorriman.

„Was zum Teufel kann er dort machen?" sagte Herr Sandford; „Er hätte sich besser fernhalten sollen."

„Aber wenn er Margaret hilft?" sagte Frau Dorriman; „Es ist eine tolle Sache für sie, eine Freundin in ihrer Nähe zu haben."

„Das kann sein oder auch nicht", sagte Mr. Sandford düster; und dann richtete er seinen Blick auf seine Schwester und sagte: „Du bist sehr unschuldig, Anne, aber glaubst du, dass ein junger Mann wie Sir Albert Gerald ein sicherer Freund für ein schönes junges Mädchen wie Margaret ist, die unglücklich verheiratet ist?"

„Aber ihre Heirat war nicht Ihre Schuld, Sie haben versucht, sie davon zu überzeugen. Ich habe alles gesagt, was ich konnte, sie hat nur sich selbst die Schuld", sagte Mrs. Dorriman streng.

„Lass mich nicht noch mehr schämen, als ich es ohnehin schon bin", sagte er bitter. „Ich mochte Margaret und wollte sie bei mir behalten. Sie ist wie ... aber Grace. Ich habe ihn ursprünglich überredet, hierher zu kommen, ich habe mich nicht um *sie gekümmert*; und ich hätte mich nicht um ihr Unglück kümmern sollen. Dann war ich es." so wütend, dass ich ihr das Leben unerträglich gemacht habe; und wenn daraus etwas Schlimmes entsteht, kann ich mich dann für unschuldig halten?"

Er sprach mit großer Aufregung, und Frau Dorriman fühlte sich außerstande, ein Wort zu sagen, um ihn zu trösten. Sie wusste, dass seine Art, es auszudrücken, wahr war und dass er auf diese Weise schuld war.

„Eines noch", sagte er und drehte sich plötzlich zu ihr um, „und es gibt jetzt keinen Grund, warum Sie es nicht wissen sollten. Als ich Drayton hierher fragte, wusste ich nicht, was ich später von Stevens erfuhr und wann er es mir erzählte." war zu spät; ich wusste nicht, dass seine Mutter wahnsinnig gestorben war und dass er selbst unter Fesseln gestanden hatte, und was konnte ich tun?"

Mrs. Dorriman stieß einen Schrei des Entsetzens aus.

„Ah, Anne! Du magst vielleicht entsetzt sein, aber siehst du nicht, dass mich das alles dazu bringt, mich selbst zu hassen? Ich versichere dir, wenn ich mich nachts hinlege und morgens meine Augen öffne, ist das das erste Elend Ein Gedanke, der mich verfolgt und bis zu meinem Tod verfolgen wird.

„Können wir nichts tun?" sie schluchzte; „Es ist so schrecklich, an sie zu denken, die so weit von uns entfernt und so hilflos ist."

„Wenn ich dorthin gehen würde, würde es ihm wahrscheinlich noch schlimmer gehen, und ich gestehe, dass sein heftiger Hass auf mich die einzige Tatsache ist, die mich damit versöhnt, nicht gehen zu können. Jetzt ist dieser Mann Stevens gegangen, er wird mehr tun als jeder andere, er." „Ich habe weder die Gesundheit noch die Kraft", und als er atemlos in einen Stuhl sank, erkannte Frau Dorriman, dass dies tatsächlich nur zu wahr war und dass ihr Platz an seiner Seite war.

Denn diese Aufregung löste einen seiner schlimmsten Anfälle aus, und als es ihm wieder leichter ging, war er wie gewöhnlich schwach und völlig erschöpft; und als sie neben ihm saß, musste die arme kleine Frau, wieder wie oft zuvor, die Angst geduldig ertragen und die Hände falten, während all ihre Ängste und Schrecken um Margaret sie dazu drängten, zum Schauplatz des Geschehens zu eilen.

Grace schrieb weder, noch telegrafierte sie, und insgesamt hatte Mrs. Dorriman vielleicht noch nie zuvor eine solche Prüfung durchgemacht.

Es schien ihr, dass ihre Pflicht in zwei entgegengesetzte Richtungen liege, oder konnte sie nicht ganz klar erkennen, welches ihre Hauptaufgabe war?

Ein Brief von Jean, die sehr stolz auf ihre Sprachbegabung war und die Angewohnheit hatte, ihre Bedeutung in viele komplizierte Sätze zu packen, änderte nicht viel daran.

„Meine liebe und verehrte Dame", schrieb sie, „ich bin in großer Not und Sorge, und mit Miss Grace geht es viel besser und wohlhabender, und wir sind uns einig, wunderbar; und die Vermieterin ist wegen ihrer Gemeinheit und Ausbeutung nicht zu erwähnen." das Öl, für das wir bezahlen, und kocht zu schlecht, als dass eine Dame es essen könnte, geschweige denn eine junge Dame mit einem hohen Bauch und nicht kräftig wie Miss Grace, aber das macht mir nichts aus, und ich mache einfach Dinge selbst und sie ist sehr zufrieden Armes Ding, aber Miss Margarets Mann hat eine schlimme Wendung genommen, und es wird Unheil kommen, und zwar ganz sicher, wenn die Polizei nicht eingreift, und sie sagen, dass sie es nicht tun werden, wegen eines Gesetzes, das niemand versteht, und wie ich es erklärt habe Sie, meine liebe Dame, ich hoffe, Sie werden mir verzeihen, aber ich wünschte, Sie wären hier, oder sogar Mr. Sandford, denn er könnte etwas Temperament zeigen und sie dazu bringen, ihre Pflicht zu erfüllen Ich weiß aber, dass Krankheit jedem zu schaffen macht. Schau dir selbst an, und es geht einem noch schlimmer, also nichts mehr von deinem bescheidenen Diener, JEAN .

„Wir hören diese schlechten Nachrichten von allen Seiten", sagte Frau Dorriman, „und ich bin sehr besorgt, Bruder."

„Es gibt Grund zur Sorge, aber jetzt, wo Stevens gegangen ist, brauchen wir keine Angst zu haben."

„Wenn er es nur schafft, reinzukommen."

„Vertrauen Sie ihm. Außerdem müssen Sie bedenken, dass schließlich nur Grace der Zutritt verweigert wurde."

„Das ist alles, was wir *wissen* , aber ich wünschte, Margaret wäre hier bei uns in Sicherheit!"

„Es hat keinen Sinn, sich etwas zu wünschen", sagte er ungeduldig. Frau Dorriman seufzte.

„Ist es nicht wahr, dass es nichts Gutes bringt, etwas Falsches zu tun, egal wie gut es auch sein mag?"

„Was *meinst* du?", sagte er wütend.

„Ich meine", sagte sie hoffnungslos, „wenn Margaret Grace kein Zuhause geben wollte, hätte sie Mr. Drayton nicht geheiratet."

„Glauben Sie, dass ich das nicht weiß?" er sagte. „Siehst du nicht, dass mich der Schrecken des Ganzen fast überwältigt? Das habe ich dir schon selbst erzählt!"

„Oh, Bruder", sagte Mrs. Dorriman reumütig, „ich meinte nicht …" Mrs. Dorriman sah aus, als würde sie gleich weinen.

„Weil du es nicht so meinst, macht es es noch schlimmer. Anne", sagte er, richtete sich plötzlich auf und sah sie an, „wenn jemand wüsste, was das Wort Reue bedeutet, gäbe es meiner Meinung nach weniger Unrecht." Die Welt ist der Wurm, *der* niemals stirbt, und das Feuer, das niemals erlischt." Er sprach in einem Ton der Verzweiflung und Niedergeschlagenheit, und Frau Dorriman bemühte sich, ihn zu trösten.

„Du weißt nichts davon, Bruder", sagte sie, „so solltest du nicht reden. Du hast nie etwas Schweres falsch gemacht." Sie hielt abrupt inne, als ein grausamer Stich der Erinnerung sie überkam, die quälende Angst, die sie einst besessen hatte. Ihr Gesicht wurde rot und sie zitterte sichtlich.

Er blickte sie schweigend an, unfähig, die Worte, die sie sprach, mit sich zu vereinbaren, die Vertrauen in ihn andeuteten, und den Zweifel, der in ihrem Gesicht zum Ausdruck kam. Schließlich sagte er in einem schwachen Ton, der die große Erschöpfung verriet, unter der er litt:

„Wir werden uns an einem anderen Tag unterhalten, Anne. Wenn wir dieses Gespräch führen, wirst du vielleicht das Gefühl haben, dass du frei bist, mich zu verlassen, zu Margaret oder zu irgendjemand anderem zu gehen."

„Bruder", sagte Mrs. Dorriman, erhob sich und stellte sich mit gefalteten Händen neben ihn, „ich habe jetzt gelernt, mich um dich zu kümmern – und wenn es in der Vergangenheit etwas gab, das uns trennen könnte – geschweige denn – es sei denn", fügte sie hinzu , hastig: „Vielleicht schadet es dem Andenken meines Mannes."

Sie sprach feierlich und er blickte sie ernst an.

„Ich glaube, dass du eine gute Frau bist, Anne, aber du kannst sie nicht wiedergutmachen, ohne –"

Er winkte sie von sich weg, und sie, beunruhigt und aufgeregt, gleichzeitig fürchtend und hoffend, bückte sich plötzlich und küsste ihn, eine ungewöhnliche Demonstration ihrerseits, die aber als Siegel für das Versprechen gedacht war, das sie machen wollte , und so verstand er es.

Mrs. Dorriman, zurückhaltend und zurückhaltend, hatte in all dem eine große Hoffnung. Sie vertraute darauf, dass die in allen Einzelheiten so schmerzhafte Geschichte Außenstehenden nicht bekannt sei. Nichts würde ihr so schmerzhaft vorkommen, wenn sie es nur für sich behalten könnten. Sie gehörte zu den Menschen, die ihren Mantel gerne um sich ziehen und ihre Wunden nicht zeigen. Es ist das Unglück von Charakteren wie ihr, dass es im Zusammenhang mit ihrer Heimatgeschichte nie ein unglückliches Ereignis gibt, dass sie sich nicht selbst Vorwürfe machen, weil sie etwas getan oder nicht getan haben oder weil sie in diesem Zusammenhang etwas gesagt oder nicht gesagt haben . Ein Mangel an Selbstvertrauen führt oft zu einer Menge Selbstquälerei, und als sie das Zimmer ihres Bruders verlassen hatte, war sie sehr unglücklich und klammerte sich an diesen einen Glauben an die Privatsphäre als einzigen Lichtblick.

Niemand brauchte es zu wissen, und sie sagte diese Worte zu sich selbst und stellte fest, dass sie ihr Trost spendeten. Wie lange sie da gesessen und nachgedacht hatte, wusste sie nicht, aber die Dämmerung brach herein, als der Diener zu ihr kam und sie fragte, ob sie Mrs. Wymans empfangen würde.

„Ich bin natürlich nicht draußen, wenn jemand anruft; Sie können ihn hereinführen", sagte sie, überrascht von seinem Tonfall.

Mrs. Wymans kam mit der vorbereiteten Sympathiebekundung herein, die manche Menschen immer dann zeigen sollten, wenn eigentlich von Trauer die Rede sein könnte.

„Das ist wirklich nett", sagte sie und schmiegte sich an Mrs. Dorriman. „Ich nenne es echte Freundschaft, dich in einem solchen Moment sehen zu dürfen."

„Meinem Bruder geht es so viel besser", sagte Mrs. Dorriman mit ihrer sanften, würdevollen Miene, „dass es keinen Grund gibt, warum ich mich jemandem verweigern sollte."

„Ah, so nett von Ihnen; aber andererseits, liebe Frau Dorriman, interessiere ich mich seit dem Tag, an dem wir uns im Eisenbahnwaggon trafen, so sehr für Sie. Ich habe so viel Mitgefühl und echtes Interesse gespürt."

"Sie sind sehr gut."

„Oh nein! Mir geht es überhaupt nicht gut. Aber dein Bruder, wie erträgt er das?"

„Er ist besser und in Anbetracht aller Dinge einigermaßen guter Laune."

"Ah!" und Mrs. Wymans stieß einen Seufzer aus, der beinahe ein Schiff über das Meer geschickt hätte.

Die Szene war merkwürdig – die eine Frau brannte vor Neugier und einer intensiven Angst, zu wissen, was sie (in der Gesellschaft von Renton) in die Lage versetzen würde, wirklich intim mit Mrs. Dorriman zu sein; und die andere war alarmiert, ängstlich, stand aber dennoch tapfer auf und verbarg mit wunderbarer Anstrengung, dass sie wegen irgendetwas nervös war.

„Wird ihm der Prozess gemacht? Natürlich wird er das tun", und Mrs. Wymans stieß einen weiteren Seufzer aus, der in der Mitte durch Atemnot unterbrochen wurde.

Das Herz der armen Frau Dorriman schien stillzustehen. Wer war gemeint? Ihr Bruder? Dennoch zeigte sie gegenüber Mrs. Wymans eine gelassene Miene, die verwirrt und verärgert war und halb fürchtete, ihre Informationen könnten nicht in allen Einzelheiten korrekt gewesen sein.

„Sie reden Rätsel, Mrs. Wymans", und Mrs. Dorriman war unverkennbar verärgert.

„So seltsame, so sehr seltsame Geschichten verbreiten sich, man weiß nie, was man glauben soll", antwortete Mrs. Wymans, „aber ich habe es aus einer scheinbar sehr guten Quelle gehört."

„Wären Sie so freundlich, mir zu sagen, was Sie gehört haben und inwiefern es sich auf mich bezieht?" und Frau Dorriman empfand die Spannung als sehr schrecklich für sie.

„Seien Sie vorbereitet, denn Sie haben offensichtlich nichts gehört", und Mrs. Wymans war sich voll und ganz darüber im Klaren, wie wichtig es war, als Erste wichtige Neuigkeiten zu überbringen. „Mrs. Draytons Baby ist tot, und, Mrs. Dorriman, *das Kind ist keines natürlichen Todes gestorben* !"

Mrs. Dorriman erschrak – für einen Moment verlor sie die Selbstbeherrschung.

„Passen Sie auf sich auf, Mrs. Wymans! Oh, wissen Sie, was Sie sagen!"

"Du weißt nichts?"

„Ich weiß nichts über das Kind, und" – bei diesem Gedanken fasste sie plötzlich Mut – „Jean, meine alte Dienerin, schrieb mir, und Grace – Miss Rivers – telegraphierte: ‚Mr. Drayton ist krank', das ist alles. Mehr gibt es nicht."

„Es gibt noch viel mehr. Aber, meine liebe Frau Dorriman, beten Sie, beruhigen Sie sich; beten Sie, regen Sie sich nicht auf. Mr. Drayton ist krank, das stimmt, aber hat Ihnen niemand etwas anderes gesagt?"

„Was kann man noch dazu sagen?" fragte Mrs. Dorriman, die um Selbstbeherrschung kämpfte und das Gefühl hatte, dass es ihr nicht möglich sei.

Mrs. Wymans hielt inne; Sie hatte geglaubt, ihre Autorität sei gut, und sie hatte jedem Wort, das sie hörte, so völlig Glauben geschenkt – wir alle sind so geneigt, den allerschlimmsten Teil des Unglücks einer Freundin zu glauben –, dass sie nun, als sie feststellte, dass Mrs. Dorriman nichts wusste, sie Als es zu spät war, begann sie sich zu fragen, ob die Geschichte überhaupt wahr sein könnte; vielleicht war es übertrieben.

„Vielleicht", sagte sie langsam, „da Sie nichts gehört haben –"

Mrs. Dorriman wandte sich ihr mit einem Feuer und einer Lebhaftigkeit zu, die sie ziemlich in Erstaunen versetzte.

„Mrs. Wymans, Sie haben genug gesagt, um mich mit Besorgnis zu erfüllen; Sie sagen, das Kind sei tot. Es ist seltsam, dass wir das nicht wissen, mein Bruder und ich; und Sie fügen in einem Ton von großer Bedeutung hinzu, dass es das nicht wusste eines natürlichen Todes sterben. Was meinst du?

So in Schach gehalten, platzte Mrs. Wymans plötzlich mit dem heraus, was sie gehört hatte.

„Es heißt, Mr. Drayton sei verrückt und habe das Kind getötet. Um Himmels willen, Mrs. Dorriman, fallen Sie nicht in Ohnmacht!" rief sie aus, als sie die tödliche Blässe der armen kleinen Frau vor ihr bemerkte.

„Ich – werde nicht in Ohnmacht fallen", sagte die arme Frau Dorriman mit dieser weit entfernten Stimme, die von der grausamsten geistigen Erregung spricht; „Aber du hast mir eine schreckliche Geschichte erzählt. Ich glaube es nicht!" sie fuhr mit einem Schluchzen fort; „Aber es ist schrecklich, und ich muss gehen – ich muss sofort telegraphieren."

„Ja, telegraphieren Sie", sagte Mrs. Wymans eifrig; „Kann ich das Telegramm nicht mitnehmen? Es wird mir kaum einen Moment aus dem Weg gehen."

„Danke, nein", sagte Frau Dorriman kalt.

Wie wenig lieben wir den Überbringer schlechter Botschaft!

„Was werden Sie wegen Mr. Sandford unternehmen?" fuhr die stumpfsinnige Frau fort, die darauf bedacht war, allem im Weg zu stehen, und nicht sah, dass Mrs. Dorriman sie unbedingt loswerden wollte; „Machen Sie mich von Nutzen. Soll ich zu ihm gehen? Ein Fremder überbringt schlechte Nachrichten manchmal besser als ein sehr naher Verwandter."

Mrs. Dorrimans Geduld war am Ende.

„Sie müssen beweisen, dass Ihre Nachricht wahr ist", sagte sie, „bevor Sie es wagen, meinem Bruder oder mir und Mrs. Wymans Ihr Beileid auszusprechen – wir kennen uns nur sehr wenig, und ich muss Sie um so viel Freundlichkeit bitten." verlasse mich."

Mrs. Wymans, eine Frau, auf die es in der Tat sehr schwierig war, irgendeinen Eindruck zu machen, war zum ersten Mal in ihrem Leben völlig verblüfft über die plötzliche Selbstbehauptung einer Frau, die sie für eine liebenswürdige Narrin gehalten hatte. Sie verabschiedete sich schnell und verließ das Zimmer und das Haus, völlig unfähig zu begreifen, warum ihr Besuch gescheitert war oder warum ihr das Gefühl gegeben wurde, ihr Eindringen sei eine Zumutung. Frau Dorriman, allein gelassen, versuchte, ihre Gedanken zu sammeln und diese Geschichte nicht als selbstverständlich zu betrachten. Wenn es stimmte, dass das Kind tot war, warum haben Grace, Jean oder irgendjemand nicht telegraphiert?

Plötzlich kam ihr, was sie befürchtet und erwartet hatte – wieder einmal wurde ihr ein Telegramm überbracht.

„Arme Margaret in schrecklicher Not – ihr Kind ist tot – Scharlach."

Die Erleichterung über diese letzte Information, nach allem, was sie gefürchtet hatte, brach sie zusammen. Sie schluchzte einige Augenblicke sehr mitleiderregend.

Dann ging sie zu Mr. Sandford und überraschte ihn mit der Art und Weise, wie sie ihm die Angelegenheit vorlegte.

„Es ist so eine Erleichterung!" Sie begann zusammenhangslos und sagte ihm nicht, was ihre Erleichterung war: Dann fügte sie hinzu, während ihr die Tränen übers Gesicht liefen: „Das Kind der armen Margarete ist tot!"

Herr Sandford war schockiert, konnte aber nicht verstehen, warum diese Nachricht, die ihn so leicht berührte, eine Erleichterung war.

„War mit dem Kind etwas nicht in Ordnung?" er hat gefragt.

„Ist das falsch?"

„Ja; warum ist sein Tod eine Erleichterung für dich?"

"Oh Bruder!" Sie antwortete hysterisch: „Nicht sein Tod – sondern die Art und Weise, wie es starb."

Er verstand, dass ihr ein schlimmeres Schicksal vorgeschlagen worden war, und versuchte sie zu trösten –

„Ich habe Kopien der gesamten Korrespondenz gesehen, die geführt wurde, als Drayton zuvor in Gewahrsam war", sagte er, „und daraus geht deutlich hervor, dass er hartnäckig und sehr lästig, aber nie gewalttätig war."

Mrs. Dorriman versuchte angestrengt zu glauben, dass dies ein Trost sei, aber es gelang ihr nicht.

Der Schrecken war fast unerträglich, und sie verließ den Raum, ohne sich einer Diskussion darüber stellen zu können, nicht einmal mit ihrem Bruder.

Sie war ganz und gar elend und sehnte sich danach, um Margarets willen irgendein Element des Trostes in dieser Lage zu sehen.

KAPITEL II.

Am Limes wurde die Lage für Margarete von Tag zu Tag schrecklicher. Mr. Drayton war immer mürrisch, schweigsam und wachsam, und die unaufhörliche Wachsamkeit brach ihre Nerven zusammen. Sie hatte lange Weinanfälle, ohne dass sie es selbst bemerkte. Die Dienstmädchen waren gegangen, und sie konnte sie nicht ersetzen; Die einzige Frau, die tagsüber kam, um zu putzen und zu kochen (und keines von beiden tun konnte), war außer ihrer Krankenschwester die einzige, und Margaret lebte in der Angst, dass sie sie verlassen könnte.

Es kam der Tag, an dem Mr. Drayton einen schrecklichen Ausbruch mit dem Mann hatte, mit dem er bisher gut ausgekommen war. Und die Szene endete damit, dass auch er ging und Mrs. Drayton erzählte, dass er damit beauftragt worden sei, sich um einen Betrunkenen und nicht um einen Verrückten zu kümmern.

„Du hältst ihn für verrückt?" stockte Margaret und sah ihn besorgt an, als ein Hoffnungsschimmer in ihr aufstieg. Wenn dieser erfahrene Mann das dachte, könnte er dann nicht die Ärzte überzeugen?

„Ich denke schon; zumindest weiß ich, dass er manchmal verrückt ist. Kein vernünftiger Mensch würde so weitermachen wie er", und der Mann strich seinen Kragen glatt, ungeachtet der Anwesenheit von Mrs. Drayton. „Sehen Sie, er ist sehr gefährlich und sehr gerissen, und das ist es, was es ist. Sie könnten eine beliebige Anzahl von Ärzten haben, die ihn untersuchen könnten, und vor ihnen beherrscht er sich so, dass niemand glauben würde, dass er das ist, was er ist. Das war ich nie." „Ich habe sie schon einmal so behandelt", und er strich sich das Haar glatt und bereitete sich darauf vor, sie zu verlassen.

„Kannst du nicht aufhören?" flüsterte Margaret in größerer Aufregung; „Ich – ich habe Angst."

„Ich kann nicht aufhören, denn jetzt ist er gegen mich vorgegangen", antwortete er, „und er schreit, sobald er mich sieht. Ich habe jegliche Kontrolle über ihn verloren und mein Bleiben würde weder dir noch sonst jemandem nützen."

Die arme Margaret sah ihn verzweifelt an und, ein wenig gerührt von ihrem Gesichtsausdruck, sagte er knapp:

„Haben Sie keine Angst, Ma'am. Ich gehe direkt zum Arzt; er hat mich hierher geschickt, und er kennt mich, und ich werde ihm genau sagen, was es ist, und er wird als Erstes kommen sehe ihn."

Margaret sah ihn mit absoluter Verzweiflung gehen. Sie hatte in letzter Zeit sehr gelitten; Ihr Baby, das mit ihr geschlafen hatte, war so unruhig und sehr schlaflos gewesen.

Das arme Kind selbst hatte keine Erfahrung, und die Krankenschwester, die es hatte, war eine junge Frau, die gutmütig und freundlich, aber nicht geschickt war. Mehrere Nächte lang hatte das Kind nur in Margarets müden Armen geschlafen, während sie mit ihm auf und ab und auf und ab ging. Jedes Mal, wenn sie versuchte, es hinzulegen, wachte es auf und weinte, und wie alle Kinder, die es gewohnt waren, von seiner Mutter viel gestreichelt und herumgetragen zu werden, gefiel es ihm nicht, wenn es der Amme übergeben wurde, wenn es krank war.

Der Mangel an Schlaf, die unaufhörliche Angst, in der sie sich befand, alles, was sie durchmachen musste, während diese schrecklichen, unermüdlichen Augen immer auf ihr ruhten, alles zusammen machte sie wirklich krank.

Die Belastung wurde unerträglich, und Margaret erkannte, dass etwas getan werden musste – jemand musste in ihrem Namen eingreifen und sie und ihr Kind wegnehmen.

Nur durch ihre Krankenschwester konnte sie von Grace erfahren. Jean besuchte das Haus wiederholt, und es gelang ihm nie, Herrn Draytons Wachsamkeit zu irritieren. Nachdem der Diener gegangen war, öffnete er nie die Tür, und die Glocken läuteten möglicherweise den ganzen Tag, er achtete nicht darauf. Mehr als einmal glitt Margaret zur Tür und vertraute darauf, eine Nachricht zu überbringen, eine Stimme zu hören, die sie kannte, nur um dann einen festen Griff an ihrer Schulter zu spüren und zurückgestoßen zu werden.

Der steinerne Durchgang zwischen dem Tor und dem Haus war zu lang, als dass sie sich Gehör verschaffen konnte. Sie konnte nicht verstehen, warum Grace keine Nachricht schickte und warum keine Briefe sie erreichten – und erfuhr erst lange danach, dass ihre Köchin, die den Ort nicht unnatürlicherweise alles andere als das fand, was ihr gefiel, ihre Zeit damit verbrachte, nach London zu fahren und nach einer anderen Situation zu suchen , und kam überhaupt nie in die Nähe von Grace.

Es war auch gut, dass das arme Ding damals nicht wusste, auf was für ein zerbrochenes Rohr sie sich verlassen hatte.

Sie erhoffte sich viel von der Aussage des Mannes gegenüber dem Arzt, und während sie die lange und erschöpfte Nacht auf und ab und auf und ab ging, versuchte sie daran zu denken, dass dieser schreckliche Zustand bald für sie und ihr Kind enden würde.

Vom Fenster des Kinderzimmers aus konnte sie über die Bäume und Sträucher und über die hohe Mauer in die Ferne blicken, und sie beneidete die Leute, die hier und da hin und her gingen. Sie hatte kein Verbrechen begangen, und doch war sie im Grunde genommen eine Gefangene. Sie hatte keine Gesellschaft, keine Freunde, keine Bücher; und wenn sie sich zusammenriss und ihren Mann beim schlecht servierten Abendessen traf – er sprach nie mit ihr; wenn sie ihm gelegentlich im Flur begegnete – war er ebenso schweigsam, aber der grimmige Ausdruck seiner Augen erschreckte sie, und sie mied diese Begegnungen, schlich sich manchmal zurück, mit einer Angst vor ihm, die täglich wuchs.

Das wärmere Wetter hielt sie nun fast den ganzen Tag im Garten, wohin Mr. Drayton nie kam und wo sie sich frei fühlte.

Aber mit jedem Tag wuchs ihre Sorge um ihr Kind. Es lag zeitweise fiebrig und atemlos da. Wenn sie es weckte und versuchte, es dazu zu bringen, mit sich zu spielen, weinte es, und schließlich erkannten selbst ihre erfahrenen Augen, dass es sich um mehr als nur ein vorübergehendes Unwohlsein handelte.

Beunruhigt eilte sie in das Wohnzimmer ihres Mannes. Er saß wie immer am Fenster und redete, wie sie dachte, mit jemandem, aber als sie ans Fenster trat, stellte sie fest, dass er allein war und mit sich selbst redete. Das imaginäre Gespräch, das er führte, hatte etwas so Schreckliches an sich, dass sie einen Moment lang ängstlich zurückwich, noch mehr als sonst, aber die Liebe ihrer Mutter gab ihr Mut und sie ging auf ihn zu.

„Baby ist krank“, sagte sie sehr ernst. „Armes Baby! Ich habe keine Erfahrung. Überlässt du mir den Arzt?“

„Nein“, antwortete er wütend. „Nein, es ist nur ein Streich, du hast mir neulich einen Streich gespielt, und ich erlaube niemandem mehr, hierher zu kommen. Du bist meine Frau und niemand soll dich besuchen kommen.“

„Es geht nicht darum, mich zu sehen“, sagte sie zitternd und versuchte, ihn zu besänftigen, „es ist Baby. Oh! Lässt du mich den Arzt holen lassen?“

„Kein Arzt oder anderer Mann soll hierher kommen“, sagte er wütend; „Ich kenne dich jetzt, du bist voller Tricks, und wenn ein Arzt käme, würdest du es ihm sagen.“

„Ich würde ihm von meinem Baby erzählen!“ Sie weinte. „Oh, wenn du dich jemals um mich gekümmert hast, wenn du mich jemals geliebt hast, wirst du mich für mein Kind zum Arzt gehen lassen!“

Er beobachtete sie einen oder zwei Augenblicke lang mit halb geschlossenen Augen, listig, triumphierend und neugierig, und dann stieß er sie aus dem Zimmer.

Sie stürmte zur Haustür und schlug hilflos mit den Händen dagegen, und er hörte sie, kam heraus und versuchte, sie auf dem Weg nach oben aufzuhalten.

„Wenn du versuchst, das Haus zu verlassen, werde ich dich einsperren", sagte er böswillig; „Und dein hübsches Baby weint vielleicht die Augen aus, aber du wirst es nicht sehen."

Ein neuer Schrecken ließ sie seitlich nach oben fliegen.

Die Krankenschwester war verängstigt und bekümmert und erklärte sich freiwillig bereit, zu gehen, was auch immer passieren mochte.

„Aber er lässt mich vielleicht nicht rein, wenn ich zurückkomme", fügte sie hinzu.

Was bedeutete das für Margaret, als sie ihr Kind leiden sah?

"Gehen!" sie rief aus; „Flieg, und wenn du es meiner Schwester sagen kannst. Mein Gott!" Sie rief: „Schicken Sie jemanden, der mir hilft." Sie sank auf die Knie, ihre Arme noch immer um das Kind geschlungen, und die Frau verschwand.

Die Momente kamen ihr wie Stunden vor, um sein kleines Gesicht zu heben und zu fächern, zu versuchen, es dazu zu bringen, ein paar Tropfen zu schlucken, um seinen ausgetrockneten Mund zu kühlen, es in ihren Armen zu wiegen und Küsse auf die Füße und Hände zu überschütten. Wie lange sie damit allein war, wusste sie nicht, aber sie erschrak, als sich die Tür öffnete. Sie hatte vergessen, sich einzuschließen!

Sie wusste, dass es ihr Mann war! Er kam, lehnte sich an die Wand und sah sie an.

„Niemand kann reinkommen", sagte er. „Ich habe die Situation völlig im Griff", und dann gab er eines seiner schrecklichsten Lacher von sich.

Das Baby, das halb beruhigt in einem kurzen Schlaf lag, begann heftig und es kam zu Krämpfen. Margaret war völlig außer sich, öffnete das Fenster und schrie, bis der ganze Raum von ihrer Verzweiflung widerhallte.

"Helfen!" Sie schrie: „Denn mein Baby liegt im Sterben."

Mr. Drayton stand immer noch da und wiederholte denselben schrecklichen Satz und lachte dann.

Hilfe eilte auf sie zu, obwohl sie es nicht wusste. Die kleine Gestalt an ihrem Herzen wurde plötzlich still, und die Flügel der Engel fegten durch den Raum – jener Engel, die so oft als Segen kommen, auch wenn sie unseren blinden Augen Angst und Schrecken einjagen. Plötzlich öffneten sich die Augen des Babys – ein schönes Lächeln erschien auf dem geröteten Gesicht;

Es streckte seine Arme aus und sagte mit seinen kindisch gebrochenen Worten: „Schön, Mutter, schön!" und dann drehte er den Kopf zur Seite und ging mit ihnen.

Vier Personen, entsetzt über die Stille im Haus, traten ein. Margarets Hilferufe waren gehört worden, aber diese Schreie hatten schon lange aufgehört, die tiefe Stille wurde auch von Mr. Drayton nicht gebrochen.

Etwas hatte ihn unterworfen. Sogar auf seinem kranken Gehirn war der Einfluss dieser schrecklichen Präsenz zu spüren; Er kauerte in einer Ecke und fragte sich, warum Margaret so still war und warum sie nicht mit dem Kind sprach.

Sie fanden ihn so geduckt. Jean und Mr. Stevens waren die Ersten, Jeans warmes Herz voller tiefstem Mitgefühl; Dann kamen die beiden Mediziner, die Mr. Stevens mitgebracht hatte, von denen einer früher Mr. Drayton betreut hatte.

Margaret war immer noch bewusstlos, als sie die Treppe hinuntergetragen wurde. Freundliche Hände kümmerten sich um ihre Bedürfnisse, und als sie aus dieser langen Bewusstlosigkeit erwachte, lag sie still und sagte kein Wort. Der Schock war so entsetzlich gewesen, dass er offenbar ihre Sinne betäubt hatte. Sie stellte keine Fragen und sprach nicht einmal über ihr totes Baby.

Sie nahm das, was ihr geboten wurde, passiv auf, aber nichts löste eine Veränderung ihres Gesichtsausdrucks aus. Sie brachten sie in freundliche Räume, die Mr. Stevens für sie und ihre Schwester eingerichtet hatte. Grace, deren Gesundheitszustand jetzt, da sie sich anstrengen musste, so viel besser schien, war verzweifelt.

„Wird sie sich jemals erholen?" fragte sie ängstlich den freundlichen und klugen Mann, der sie so regelmäßig besuchte. „Wird meine Schwester mich jemals wiedererkennen?"

„Ich glaube, dass sie es tun wird. Es wäre eine tolle Sache, wenn sie weinen könnte – ein guter, herzlicher Schrei könnte ihr viel helfen."

„Ich weiß nicht, wie ich sie dazu bringen soll", sagte Grace mit einem Tonfall der Verzweiflung.

„Aber das tue ich, Ma'am", sagte Jean. „Ich habe dem armen, hübschen Jungen die Haare abgeschnitten, und wir haben ihn fotografieren lassen. Ich werde ihr das Bild zeigen, und dann werden Tränen fließen."

„Geben Sie mir die Haare", sagte der Arzt hastig und nahm sie schnell mit aus dem Zimmer.

Als sie sich das nächste Mal trafen, fragte Grace ihn danach.

„Warum haben Sie es mitgenommen, Doktor?"

„Weil das arme Kind an unterdrücktem Scharlach gestorben ist", antwortete er, „und ich es zur Desinfektion gebracht habe."

„Das ist ein neuer Name für eine schlechte Tat", sagte Jean.

„Es ist ganz richtig – die Kehle des Kindes zeigte, woran es gestorben ist", sagte er.

„Es ist an Vernachlässigung gestorben", sagte Jean hartnäckig. „Woher sollte das arme junge Ding wissen, wie man damit umgeht? Fieber hin oder her, der Mann ist ein grausamer Mann und wird ihr nie wieder nahe kommen."

„Damit sagen Sie die Wahrheit", sagte der Arzt mit leiser Stimme. „Mr. Drayton ist heute Morgen gestorben."

"NEIN!" rief Grace aus. „Er schien so ein starker Mann zu sein, als ich ihn das letzte Mal sah", und sie schauderte, denn seit den Tagen, als sie krank gewesen war und Margaret aus egoistischen Gründen gedrängt hatte, ihn zu heiraten, hatte sie ihn nie zum Reden gesehen, außer einmal .

Jean schwieg. Da war ein Vers in ihrem Herzen, aber sie wollte ihn in diesem Moment nicht aussprechen.

„Er war ein gewalttätiger Mann", sagte der Arzt. „Es ist ziemlich schrecklich, an dieses arme Kind in der Macht eines solchen Mannes zu denken. Es hatte in der Anstalt einen schrecklichen Anfall von Leidenschaft – ein Blutgefäß im Gehirn brach auf, und in wenigen Minuten war alles vorbei."

„Es gibt so viele Dinge, die ich nicht verstehen kann", sagte Grace, die die letzten Tage zu sehr empfand, um darüber zu sprechen. „Margaret muss sicherlich einen Arzt konsultiert haben. Warum hat er sich nicht eingemischt? Er muss gesehen haben, dass dieser elende Mann verrückt war."

„Ah", sagte der Arzt, erhob sich und wollte ihr nicht sagen, was er zu Doktor Jones gesagt hatte, „Medizinmänner sind nicht immer unfehlbar."

„Sie sind menschliche Geschöpfe", sagte Jean – „arme, irrende Sterbliche."

Zu Doktor Jones – der große Mann aus London sprach Klartext, wenn auch mit einer Höflichkeit, die sehr erschreckend war.

„Wir können nicht verstehen, Sir, dass Sie den Mann nicht als gefährlichen Verrückten erkannt haben, aber wahrscheinlich haben Sie nicht viel Erfahrung in dieser Art."

„Mir wurde langsam unruhig", stammelte Doktor Jones, der am Tatort aufgetaucht war, weil der Mann, den er dorthin geschickt hatte, ihn gewarnt hatte, dass es wahrscheinlich einen Mord geben würde und dass er in Schwierigkeiten geraten würde, wenn er sich nicht einmischte irgendwie.

"Warst du?" sagte Doktor Plunkett, ein Ire, mit dem ganzen Sinn für Spaß eines typischen Iren der besten Klasse; „Warst du das wirklich? Du hattest angefangen zu glauben, du hättest einen Fehler gemacht." Dann fügte er in ernsterem Ton hinzu: „Doktor Jones, es ist eine sehr ernste Angelegenheit."

„Ich denke, es ist sehr ernst."

„Warum waren Sie so *entschlossen*, nicht zu sehen, dass der unglückliche Mann verrückt war?"

„Woher wissen Sie, dass ich entschlossen war, Sir?" sagte Doktor Jones besorgt.

„Weil Miss Rivers mir mit der Darlegung des Falles sagte, dass Sie sich schon vorher entschieden hätten!"

„Ich – ich dachte, dass Mrs. Drayton – nun ja, nicht ganz unkompliziert wäre."

„Das hat überhaupt nichts damit zu tun. Wenn wir Mediziner den Zustand eines Patienten beurteilen, weil wir seine Verwandten mögen oder nicht mögen, dann ist mit allem ein Ende", sagte Doktor Plunkett streng; „Sicherlich muss ein Fall anhand seiner eigenen Begründetheit beurteilt werden?"

„Natürlich, Sir, natürlich. Meine Frau, Sir –"

Doktor Plunkett sah ihn erstaunt an.

„Sie wollen nicht sagen, Sir", sagte er in einem Ton schneidender Verachtung, „dass Sie Ihrer *Frau erlauben* , Ihnen über ein Thema zu diktieren, von dem sie nichts wissen kann?"

Doktor Jones fühlte sich völlig niedergeschlagen.

Als Doktor Plunkett das Zimmer verließ, trat der unglückliche kleine Mann zu ihm und sagte in einem Tonfall unterwürfiger Bitte:

„Ich vertraue darauf, Sir, dass Sie, wenn Sie sich in dieser Angelegenheit eine ungünstige Meinung über mich gebildet haben, – vielleicht – vielleicht, Sir, nirgendwo darüber sprechen werden. Es würde mich ruinieren, Sir, in den Augen meiner Gattin."

„Sir", sagte Mr. Plunkett, „wir Mediziner sollen einander beistehen, aber ein Mann, der seiner Frau untertan ist, hat meiner Meinung nach nichts damit zu tun, Arzt zu sein." Er fügte hinzu: „Ich denke, ein Mann mit Pantoffeln ist ein Irrtum in der Existenz. Ich glaube nicht, dass er überhaupt ein Existenzrecht hat", und überließ es Dr. Jones, diese Rede so gut er konnte zu verarbeiten.

Es wurde viel wärmer, obwohl der Frühling noch nicht weit entfernt war: Die wunderbare Verheißung einer bevorstehenden Fülle, die einer der großen Reize des Frühlings ist, machte sich bemerkbar, aber die Tage waren noch nicht lang, und Grace war ungeduldig und unruhig, wollte Margaret wissen lassen, was passiert war; Sie wünschte, sie wüsste, dass sie frei war.

Nachdem Mr. Drayton nun tot war, versuchte die Schwester, die eine Zeit lang voller Reue gewesen war, diese abzuschütteln. Es war schrecklich gewesen, und der Tod des Kleinen, der vielleicht hätte gerettet werden können, war zu traurig.

Aber jetzt war alles vorbei, warum sollte Margaret nicht wieder auferstehen? Warum konnte sie nicht sprechen und das Schweigen brechen, das so schrecklich wurde?

Grace hatte jetzt nicht viel mehr Verständnis für die Tiefen des Wesens ihrer Schwester als früher; und sie wusste nicht vollständig, was Margaret in diesen Monaten der Angst und Abgeschiedenheit erlitten hatte.

Die Person, die sie vielleicht am besten verstand, war Jean, deren tiefe, warme Gefühle ihr Mitgefühl lehrten.

Und Jean war damals von unschätzbarem Wert. Sie schützte Margaret vor jedem Eindringen, sie kümmerte sich um sie, pflegte sie und betete für sie; und manchmal dachte sie, während sie in der Stille der Nacht neben ihr stand – wenn sie mit gesenktem Kopf und gefalteten Händen in den alten Bibelwörtern betete, die ihr so vertraut und dem armen, niedergestreckten Mädchen so fremd waren –, dass es da eine gab Der Ausdruck von Tränen in den trüben, halbgeschlossenen Augen, und sie hatte Hoffnung.

Es war ein ruhiger Ort, wo sie waren, und Margarets Zimmer blickte auf einen weiten Blumengarten. Als die Bäume grün zu werden begannen, war keines der umliegenden Häuser zu sehen, und Grace brachte jede Lieblingsblume mit, von der sie wusste, dass ihre Schwester sie früher geliebt hatte.

Das Fenster war offen, und als Jean daneben saß und mit Stricken beschäftigt war, kamen ein paar Vögel, die es gewohnt waren, gefüttert zu werden, auf das Fensterbrett und pickten fröhlich, wenn auch ein wenig verächtlich, nach Futter, das sie nicht mehr brauchten.

Eine leichte Bewegung vom Bett aus veranlasste sie, sich schnell umzudrehen, und sie sah, dass Margarets Augen weiter geöffnet waren als bisher und dass sie sie neugierig und seltsam ansah.

Mit einem ihrer innigen, innigen Gebete ging Jean zum Bett und legte ihr die goldenen Locken, die sie für sich aufbewahrt hatte, und das Foto des kleinen Kindes in Reichweite und Sichtweite – dann wandte sie sich ab.

Mit der schwächsten Hand und einem schwachen Schrei nahm Margaret diese Dinge auf und ließ sie unsicher und zögernd durch ihre Finger gleiten, dann betrachtete sie das Bild ...

Das Kind lag in dieser stillen Ruhe, als ob es gleich erwachen würde, Blumen waren um es herum, und auf seinem Gesicht war das Lächeln, mit dem es sie verlassen hatte.

Einen Augenblick später hörte Jean das willkommene Geräusch von Tränen und einem Schluchzen, und sie erhob sich leise, schloss das Fenster und verließ das Zimmer, wohl wissend, dass Einsamkeit in diesem Moment das Beste war.

Margaret wurde gerettet: Tag für Tag begann sie sich zu sammeln, ihre Worte waren immer noch ein Flüstern aus der äußersten Schwäche heraus, aber sie begann zuzuhören, zu bemerken und zu antworten; Dennoch war der Fortschritt für Graces ungeduldige Augen langsam.

Sie erzählten ihr von Mr. Draytons Tod, aber niemand konnte verstehen, was sie darüber dachte. Grace machte Jean jede Stunde und jeden Moment des Tages Sorgen. „Es scheint so schwer zu sein, Jean, jetzt ist alles vorbei, warum kann sie nicht mehr so sein wie früher?“

„Das wird sie nie sein, mein Kind“, sagte die alte Frau, „sie wird ihr ganzes Leben lang eine Narbe in ihrem Herzen tragen. Sie wird heilen, aber das Mal wird da sein. So eine Wunde kann das nicht.“ ganz ausgelöscht werden.

„Weißt du, ich habe das Baby nie gesehen“, sagte Grace.

„Es ist nicht nur der Verlust des Babys, der schmerzt, sondern auch das Gefühl, gesündigt zu haben, das hilft, sie niederzuhalten“, sagte Jean; „Sie hat das Gefühl, dass sie Böses getan hat, damit das Gute kommen kann, und uns wird geboten, das nicht zu tun. Und ihre Nerven sind fast am Ende. Du begreifst nicht, mein Lieber, wie viel das arme Ding gelitten hat. Ich zittere selbst, wenn Ich denke Monat für Monat an sie in der Macht des armen Verrückten. Es ist schrecklich, Miss Grace, Sie müssen einfach geduldig sein und auch für sie beten.

Mrs. Dorrimans Briefe waren nun an Margaret adressiert und wurden niemandem gezeigt.

Aber eines Tages sagte sie zu Jean: „Wenn der Arzt das nächste Mal kommt, Jean, werden wir ihn fragen, wann ich nach Schottland gehen darf", und die alte Frau freute sich darüber, dass sie so weit von Mrs. Dorriman entfernt war und nicht Ein „Kent-Gesicht" in ihrer Nähe war eine Prüfung.

Ein weiteres Thema, das Grace sehr verblüffte, war die offensichtliche Desertion von Sir Albert Gerald und Mr. Paul Lyons.

Nachdem Sir Albert die Freilassung der armen Margaret bewirkt hatte, war er voller Reue, weil diese Freilassung so spät erfolgt war, obwohl er sich bewusst war, keine Zeit verloren zu haben, als er die Situation vollständig erfasst hatte; Er trauerte immer noch um den Tod des armen Kindes, dessen Leben unter normalen Umständen hätte gerettet werden können. Er verstand Margaret besser als die meisten ihrer Mitmenschen, und er wusste, dass er sich jetzt von ihr fernhalten musste, wenn er sie jemals wiedersehen wollte.

Grace war überaus erstaunt, als sie einen Brief von ihm erhielt – aus Spanien; Er bat sie zwar, ihm zu schreiben, aber dass er so weit gegangen war, war ermüdend.

Dann kam Mr. Lyons weder, noch schrieb er, und ganz und gar dachte Grace jetzt, wie sie es schon einmal zuvor getan hatte, dass es immer Margaret sei.

Dennoch gab es in ihrem gegenwärtigen Schicksal Trost; Sie wusste es sehr zu schätzen, dass sie über Geld verfügte, und Mrs. Dorriman stellte dies auf Wunsch ihres Bruders schonungslos zur Verfügung.

Er war keineswegs der Mann, der Geld missgönnte, und er gehörte zu den Männern, die eine vage Vorstellung davon hatten, dass die meisten Dinge, selbst ein gebrochenes Herz, durch einen Scheck wiedergutgemacht werden könnten.

Er war mehr als jeder andere über Mr. Draytons Tod erleichtert und versetzte seine Schwester in Schrecken, indem er das sagte.

„Es ist schrecklich, was du sagst, Anne; jetzt nenne ich das Humbug; welchen Sinn hat es, so zu tun, als würde man trauern?"

„Vielleicht hat er sich erholt", sagte sie sanft; „Und Bruder, ich glaube nicht, dass es richtig ist, sich über den Tod eines Menschen zu freuen."

„Wer sagt, dass ich mich freue?"

„Du siehst so aus, als ob du es getan hättest."

„Nun, es ist eine Erleichterung; und in dieser Welt scheint so selten die richtige Person zu sterben ..."

„Oh, still!" sagte sie, unsagbar schockiert und verzweifelt.

„Anne, ich weiß, dass du versuchst, ehrlich zu sein, aber du hast eine schiefe Art, die Dinge zu betrachten."

„Ich glaube nicht, dass ich das getan habe, und", fügte sie hinzu und nahm ein wenig Mut auf, „Sie haben kein Recht, das zu sagen; und das Thema ist für mich so furchtbar schmerzhaft, dass ich dachte, es würde für Sie genauso schmerzhaft sein."

„Sie verstehen die Frage nicht", sagte er mit etwas von seiner alten Heftigkeit. „Ich bin bereit, mich selbst zu zerstören, wenn ich denke, dass ich diesem Mann jemals die Gelegenheit gegeben habe, die arme Margaret zu sehen, und jetzt, wo er nicht mehr da ist, kann ich nicht so tun, als würde ich ihn bereuen. Sein Tod hat eine schreckliche Komplikation beendet."

„Ich kann Ihrer Denkweise nicht folgen", sagte Frau Dorriman und hatte irgendwie das Gefühl, dass das nicht richtig klang.

„Nun, am besten verlassen Sie mich jetzt, und wenn Sie Ihre Ideen ganz entwirrt haben, können wir das Thema wieder aufgreifen. Ich habe noch nie ein Gehirn wie Ihres gekannt, es scheint sich im Allgemeinen in einem hoffnungslosen Zustand des Durcheinanders über alles zu befinden." Diese lobende Rede brachte sie fast zu Tränen, und sie eilte aus dem Zimmer, wurde aber sofort zurückgerufen.

„Ich bin ein Rohling und du musst mir verzeihen, Anne", sagte er; „Und es gibt noch etwas anderes, worüber ich mit Ihnen sprechen möchte."

Seine Stimme klang für sie seltsam und als sie ihn ansah, sah sie, dass er aufgeregt war.

„Sag im Moment nichts, was dich beunruhigen oder beunruhigen könnte, Bruder", sagte sie schnell.

Er schenkte ihr keine Beachtung, er klopfte mit einem riesigen Papierschneider auf den Tisch vor ihm und sagte dann in einem seltsamen Ton:

„Was hast du heute über Margarets Ankunft in Schottland gesagt?"

„Der Arzt möchte, dass sie Seeluft und schottische Luft hat, sie möchte kommen."

"Hier?"

„Nein, nicht hier. Irgendwo (es ist ihr egal, wo), das sie noch nie gesehen hat. Irgendwo, an dem keine Erinnerungen hängen.

„Lornbay?"

„Sie war dort. Nein! nicht Lornbay."

„Wie würde Inchbrae abschneiden?" fragte ihr Bruder, während er ihr Gesicht genau beobachtete.

Ihre Farbe kam und ging, dann füllten sich ihre Augen mit Tränen.

„Ach, das kommt nicht in Frage."

"Ist es?" Er schien mit einem plötzlichen Gefühl der Schwierigkeit zu sprechen.

„Anne", sagte er schließlich, „hast du wirklich nie geahnt, nie gedacht, dass Inchbrae nicht verkauft werden könnte? Weißt du wirklich so wenig über geschäftliche Angelegenheiten, dass du nicht wüsstest, dass ohne deine Zustimmung, ohne viele Formalitäten, die … Der Ort, der Ihr Ort ist, konnte nicht verkauft werden?"

„Nicht verkauft! Und das Haus gehört wirklich mir?" sagte die arme Frau und fühlte sich natürlich verwirrter als je zuvor.

„Ja, es gehört dir", sagte er und versuchte, sein Schamgefühl durch nachlässiges Sprechen zu verbergen. Seine Gefühle gegenüber seiner Schwester waren jetzt so verändert, dass der Rückblick auf die Brutalität und Rauheit, mit der er ihr Schicksal gestaltet hatte, einen Schmerz in ihm auslöste, den er früher nie geglaubt hätte. Und da war noch etwas anderes, es gab eine Seite in seiner Geschichte, die ihn jetzt oft verfolgte. Schon die Last, es zu wissen, konnte für ihn nur schmerzhaft sein, und der Schmerz wurde nun von Tag zu Tag unerträglicher.

Frau Dorriman war im Wesentlichen eine Frau, die kein Selbstvertrauen hatte, selbst bei kleinen Dingen zögerte und solche Angst vor Anmaßung und anderen Sünden hatte, dass sie manchmal sagte, was sie für richtig hielt, angetrieben von Direktheit und aufrichtiger Liebe zur Wahrheit Sie sagte es unvermittelt, und nachdem sie dies getan hatte, bereute sie ihre Schärfe mit unangemessener Demut und entschuldigte sich dafür, dass sie gezwungen war, ihre Meinung zu sagen.

Aber in der ständigen Gesellschaft einer Frau zu leben, die so völlig selbstlos und so weltfremd war, einer Frau, deren Offenheit und Offenheit denen eines Kindes ähnelte, war eine Erfahrung, die selbst für Mr. Sandfords unverblümte Wahrnehmung von Bedeutung war.

Er hatte gelernt, sie zu schätzen, und gerade als er wusste, dass sie ihm viel bedeutet hatte, musste er sich wahrscheinlich für immer in ihren Augen erniedrigen.

Mrs. Dorriman war in diesem Moment unvorstellbar beunruhigt, verzweifelt und aufgeregt. Zwangsläufig aus ihrem eigenen Zuhause und ihrem Volk vertrieben worden zu sein ... getäuscht worden zu sein! Dann kam ihr schnell die Erinnerung, dass sie dazu verleitet worden war, das Andenken ihres Mannes zu verfälschen. Gedanken drängten sich auf sie, die für sie fast unerträglich waren, und sie verließ das Zimmer und ging in ihr eigenes, wo sie versuchte, ihre Gedanken zu ordnen.

Warum hatte ihr Bruder das getan? Damals kümmerte er sich nicht um sie, denn sie wusste genau, dass er sich in jenen Tagen (die jetzt so weit weg schienen) sehr wenig um sie gekümmert hatte.

Arme Frau! Ihre neue Zuneigung zu ihm schien plötzlich hinweggefegt zu sein, da er ihr gegenüber so viel betrügen konnte.

Es war so grausam, sie das alles zu verlassen und dabei ihrem Mann die Schuld zu geben; und bis vor kurzem, als er davon gesprochen hatte, dass er sich um sie „sorgt", hatte sie nichts als Unfreundlichkeit in der Art und Weise gesehen, wie man sie abhängig gemacht hatte.

Die plötzliche Erleuchtung kam ihr wie ein Blitz; Diese Papiere, die sie aufbewahrt hatte, waren von wirklicher Bedeutung und gaben Aufschluss über die Vergangenheit ihres Bruders. Sie hatte, wie wir wissen, mehr als einmal darüber nachgedacht – oder besser gesagt, fast darüber nachgedacht und das Gefühl mit einer Art Entsetzen zurückgedrängt.

Um sicherzugehen, dass sie keine Waffen hatte, mit denen sie ihn schlagen konnte, hatte er ihr Zuhause aufgebrochen – um sie in seiner Nähe zu haben und ihre Handlungen zu beobachten.

Sie erhob sich plötzlich von ihrem Stuhl: Sie fühlte sich unter dem Druck, der auf ihrem Geist lastete, ersticken. Wie konnte sie ihm verzeihen? Sie ging schnell in ihrem Zimmer auf und ab, die Hände fest gefaltet; Dann sagte sie laut: „Mein Mann, vergib mir" und weinte dann, das arme Ding, bis sie erschöpft war.

Die Dämmerung brach an; Die tagsüber so düsteren Fabriken erstrahlten in unzähligen Lichtern.

Frau Dorriman konnte nicht hinuntergehen; sie konnte noch nicht vergeben. Sie ließ sich etwas Essen schicken und bereitete sich dann darauf vor, zu Bett zu gehen.

Sie nahm mechanisch ihre Bibel zur Hand und las, nahm aber nichts auf, was sie sah; Sie schloss es wieder und versuchte, ihre Gebete zu sprechen. Gab es nicht etwas über das Verzeihen von Verfehlungen, das sie jeden Tag zweimal sagte?

Es gab einen schweren mentalen Kampf und es war dunkel, als er vorbei war. Sie ging langsam zum Zimmer ihres Bruders. Er war wach.

„Bruder", sagte sie, ging auf ihn zu und legte ihre Hand auf seine, „ich bin gekommen, um zu sagen, dass ich vergebe!"

KAPITEL III.

Nichts konnte Graces Enttäuschung übertreffen, als sie feststellte, dass Margaret, obwohl sie sich erholte, aufstand, sich bewegte, hinausging und in jeder Hinsicht, was ihre körperliche Gesundheit anging, ihr altes Ich zu sein schien, ernst, ruhig und scheinbar gleichgültig blieb die verschiedenen Pläne und Arrangements, die ihre Schwester vorgeschlagen hatte.

Grace begann zu verstehen, wofür wir die meisten von uns leben, um herauszufinden, dass uns etwas, nach dem wir uns – vielleicht zu Unrecht – gesehnt haben, auf eine Art und Weise geschenkt wird, die uns oft die Zeit und die Gedanken, die wir damit verschwendet haben, bereuen lässt.

Seit sie alt genug war, um sich etwas zu wünschen, hatte sie sich gewünscht, in oder in der Nähe von London zu sein, um zu sehen und gesehen zu werden. Zuerst war sie selbst sehr krank gewesen, und jetzt war Margaret, eine Witwe und kinderlos, und ihre Träume mussten ebenfalls verschwinden. Am Anfang war sie von Gewissensbissen erfüllt gewesen, dann hatte sie es ein wenig satt, Mitleid zu zeigen, weil sie wusste, dass es nur ein Versuch war, und jetzt wurde sie sehr ungeduldig.

Margaret hatte jede Menge Geld, warum konnte sie nicht ein wenig Auto fahren oder etwas anderes tun, als in diesem lästigen kleinen Garten umherzuwandern, langweilige Bücher zu lesen und in ein kleines Grab zu gehen?

Ihre Freude lässt sich erahnen, als Margaret eines Tages gefragt wurde, ob sie Lady Lyons sehen würde. Es war jedenfalls jemand, der weder Arzt noch Krankenschwester war.

Lady Lyons, die nicht an mehr als allgemeine Freundlichkeit seitens ihrer Freunde gewöhnt war, da sie ein wenig taub und nicht wenig ermüdend war, fühlte sich außerordentlich geschmeichelt über die Ausreden, die Grace für Margaret vorbrachte, und über ihre offensichtliche Freude über ihren Besuch; Ihre einzige wenig schmeichelhafte Überlegung war, dass sie davon ausging, dass diese offene Genugtuung nichts mit ihrem Sohn und den Fortschritten zu tun hatte, die er in dieser Richtung gemacht haben könnte.

Margaret war schon früher ihr Wunsch gewesen, als ihr Erbe noch problematisch war. Stellen Sie sich vor, was sie sich jetzt wünschte, als jeder wusste, dass Margaret eine sehr reiche Witwe war.

Sie bemühte sich, Grace mit einer Freundlichkeit zu begegnen, die sie zu nichts verpflichtete, und ihre Rede drehte sich um Margaret und immer um Margaret. Konnte sie den traurigen, vielleicht geheimnisvollen Tod des Kindes überwinden?

„Es war nichts sehr Geheimnisvolles daran. Es ist an unterdrücktem Scharlach gestorben, das arme kleine Ding. Ich habe es nie gesehen. Nein, Margaret kommt nicht darüber hinweg. Sie lächelt nie und nachts weint sie oft. Lady Lyons, das tue ich." Ich wünschte, sie würde darüber hinwegkommen; ich finde es so furchtbar langweilig.

„Das wage ich zu behaupten", sagte Lady Lyons, ohne jegliches Mitgefühl zu zeigen.

„Tag für Tag gibt es keine Menschenseele außer dem Arzt, und er hat es immer zu sehr eilig, um freundlich zu sein", und Grace seufzte lange. „Als ich deinen Namen hörte, war das ein wahrer Segen des Himmels. Weißt du, dass ich tagelang mit niemandem gesprochen habe, außer mit Margaret und dieser alten Schottin, die bei religiösen Themen total verrückt ist?"

„Aber Sie haben den Trost, bei Ihrer Schwester zu sein", sagte Lady Lyons etwas steif.

„Sie will mich überhaupt nicht", sagte Grace eifrig, während sich ganz plötzlich in ihrem fruchtbaren Gehirn ein Plan entwickelte; „Nicht im Geringsten. Nein, Lady Lyons, was ich tun möchte ist – Wie lange muss ich das tragen?" sagte sie und berührte plötzlich den Krepp an ihrem Kleid.

„Oh, Miss Rivers! Es macht so einen Unterschied, dass Sie Schotte sind. In England wird Trauer immer weniger getragen wie früher, und jetzt greifen die Leute zum Kilt-Krepp, das nimmt ihm irgendwie die Schwärze. In Schottland hätten Sie das getan um es Monate um Monate zu tragen, und da du Schotte bist –"

„Ich bin nur auf einer Seite meines Hauses Schotte", rief Grace aus, „und ich habe nicht vor, mich monatelang einzuschließen. Nein, Lady Lyons, ich habe einen Plan, aber ich sehe keinen großen Sinn darin, es zu erzählen." es dir, wenn du denkst, ich werde mich bei einer Beerdigung wie ein Stummer kleiden.

„Ich bin mir sicher, dass ich Ihren Plan nicht hören möchte", sagte Lady Lyons, verärgert über Graces Verhalten und *ihre* Worte Ich lege meine ungültigen Gewohnheiten beiseite und komme heraus."

„Gehen Sie bitte nicht", sagte Grace, „und reden Sie um Himmels willen nicht davon, ein Invalide zu sein. Ich habe keine Lunge mehr, sagt man, oder nur noch ein kleines bisschen davon, und ich werde nicht krank sein." oder so. Jetzt werde ich Ihnen sagen, was ich vorhabe, nach London zu gehen und einer großartigen Dame eine Menge Geld zu zahlen und mit ihr umherzugehen, sobald ich anständig kann.

„Meine liebe Miss Rivers, keine sehr große Dame würde das gerne tun; sie wollen nichts, was Sie ihnen geben können."

„Na dann muss ein kleinerer reichen“, sagte Grace ruhig; „Aber sie muss jeden kennen, jede Menge Leute und so – sie muss im Schwimmen sein, wissen Sie.“

„Aber ich weiß es nicht“, sagte Lady Lyons. „Im Schwimmen! Was meinst du? Ich habe nicht die leiseste Ahnung.“

„Oh, Paul wird es wissen.“

(Es war bereits soweit gekommen: Sie nannte ihn Paul! Lady Lyons war äußerst unzufrieden.)

„Mein Sohn, den du ‚Paul‘ nennst“, sagte sie steif, „was kann er tun? Er ist noch jung.“

„Oh, er kennt die Welt ein wenig, obwohl er jung ist; natürlich nenne ich ihn Paul.“

„Er kennt die Welt“, sagte die genervte Mutter, „ich hoffe, er kennt die Welt zu gut, um jemandem zum Opfer zu fallen, der nicht ... in einer Position ist, die ich gerne hätte.“

„Sie liegen völlig falsch, liebe Lady Lyons; ein Mann von Welt zu sein und die Welt ein wenig zu kennen, sind zwei sehr verschiedene Dinge, und niemand kann Paul einen Mann nennen, er ist so sehr jung; das habe ich gesagt Zu ihm erst neulich. Und über eine Position, die Sie gerne hätten, meinen Sie, dass Ihr Sohn für Geld heiraten muss. Ich habe eine zu gute Meinung von Paul, um es zu glauben – und niemand, der sein Geld wert ist, wird sich dafür entscheiden, nur seinem zu gefallen Mutter."

„Ich bin es so ungewohnt, solche ... unweiblichen Gefühle zu hören“, und die wütende Lady Lyons erhob sich, um zu gehen.

„Es ist für jeden sehr gut, zu jeder Frage mehrere Seiten zu hören“, sagte Grace und erhob sich ebenfalls; „Ich hoffe, ich habe Sie nicht beleidigt, Lady Lyons; aber Sie wissen, dass ich zu den Menschen gehöre, die nie umhin können, bei jeder Gelegenheit die Wahrheit zu sagen – vor allem, wenn es mir passt“, fügte sie zu sich selbst hinzu.

„Sie haben mich überhaupt nicht beleidigt“, antwortete Lady Lyons sehr verärgert; „Die Meinung einer jungen Dame, die die Welt nicht kennt, hat nicht so viel Gewicht, wie man denkt.“

„Nun, du willst unangenehm sein“, sagte Grace lachend, „und du brauchst es nicht zu versuchen. Wenn ich in der Schule in Schwierigkeiten war, was sehr selten vorkam, wussten die guten Leute nicht, was sie tun sollten, weil ich nie schimpfte Ich bin ein bisschen genervt, und harte Sprüche kommen mir nie in den Sinn, also bin ich ein hoffnungsloser Charakter – aber für Margaret würde vielleicht nie jemand mit mir sprechen. Sie ist ganz anders.

„Ja, sie ist ganz anders. Ich denke, sie muss merkwürdig anders sein. Ärgern Sie sie nie, Miss Rivers? Haben Sie ihr Empfinden nie verletzt?"

Die schnelle Farbe, sogar Tränen, traten plötzlich in Graces normalerweise tränenlose Augen. Sie gab sich alle Mühe, sie zu verbergen, aber Lady Lyons sah sie, und sie ließen sie ein wenig schmelzen. "Ah!" Sie sagte: „Ja. Nun, eine aufrichtige und herzliche Zuneigung zu Ihrer Schwester kann Ihre guten Eigenschaften hervorheben."

„Danke", sagte Grace zurückhaltend und fand schnell wieder zu ihrer gewohnten Stimmung zurück. Und als Lady Lyons wegging, hatte sie einen äußerst verwirrten Eindruck von dem Mädchen mit sich, das sich in einem Moment über sie lustig gemacht und sehr schlechten Geschmack bewiesen hatte, indem es mit so viel Vertraulichkeit über Paul sprach, und im nächsten Moment sehr tiefe Gefühle für ihre Schwester verriet .

Lady Lyons war eine der vielen Menschen auf der Welt, die vergessen, dass der Einfluss der Zivilisation zwar eine nivellierende Wirkung hat, es aber viele verschiedene Charakterarten gibt und dass die gewöhnlichsten Charaktere komplex sind, nicht ganz gut oder ganz schlecht, sondern an beidem teilhaben.

Auf eine andere Weise gab es eine andere Person, die anfangs vollstes Mitgefühl für Margarets Verzweiflung gezeigt hatte, nun aber auch spürte, dass sie in ihrer Trauer krankhaft wurde, und die wünschte, sie würde sich daraus erholen.

Das war Jean.

Mit der ganzen Tiefe einer ebenso intensiven wie leidenschaftlichen Natur hatte sie den Tod des kleinen Kindes für sich empfunden, so wie sie alle Schrecken, die sie durchgemacht hatte, miterlebt hatte.

Aber jetzt sah sie, dass Margaret ihren Kummer pflegte und ihm nachgab, und sie war bestrebt, sie von der ständigen Kontemplation zu entwöhnen, da ihr durch den feinen natürlichen Instinkt bewusst war, dass sie die Gewohnheit der Einsamkeit, des Trauerns und des Zurückschreckens hatte Hat sich die Gemeinschaft erst einmal gebildet, wäre es weitaus schwieriger, sie später zu durchbrechen.

Die Besuche im kleinen Grab, wo jede Blume niedergelegt und mit Tränen begossen wurde, müssen genutzt werden, um ihre Gedanken auf lebende Kinder zu richten, die dringend einen Teil ihres Mitgefühls und ihrer Hilfe benötigen.

Mit ihrer Bibel in der Hand und einem herzlichen Gebet im Herzen begleitete die treue alte Frau Margarete, wie sie es schon oft zuvor getan hatte, in die kleine Ecke, wo die arme junge Mutter weinte und nachdachte und sich an jedes gebrochene lispelnde Wort erinnerte ihr am Herzen liegt und sich in liebevoller Erinnerung an ihren verlorenen Liebling verliert.

„Mein Kind", sagte Jean, als die frischen Blumen niedergelegt waren und Margaret wie ein zerbrechlicher Schatten in ihren langen schwarzen Gewändern dastand, „hast du jemals darüber nachgedacht, wie viel Geld du jetzt ausgeben kannst?"

„Oh! Sprechen Sie hier nicht darüber", sagte Margaret schockiert und verzweifelt.

„Warum sollte ich hier nicht darüber sprechen?" sagte Jean beherzt; „Hier möchte ich Ihnen zeigen, dass Sie etwas damit anfangen sollten."

„Ich werde es niemals beanspruchen, niemals ausgeben!" rief Margaret und schlang ihre dünnen weißen Finger um das kleine Marmorkreuz in ihrer Nähe.

„Aber Sie müssen beides tun", sagte Jean mit Nachdruck. „Du musst das Geld einfordern und es ausgeben. Du musst es ausgeben, meine Liebe, zur Ehre Gottes und um Hilfe zu leisten."

„Wie? Sag mir, wie kann ich?"

„Das kannst du nie, wenn du nicht weiter als bis auf ein paar Meter grünen Rasen schaust und nichts anderes erlaubst, deinen Geist zu erfüllen. Schau dich um, mein Kind, sieh, wo andere leiden. Du trauerst am meisten, weil du denkst, dass es dir hilft." Wäre dein Kind gekommen, hätte es vielleicht überlebt."

„Vielleicht", murmelte Margaret mit erstickter Stimme.

„Und wenn Sie das bedenken, gibt es Hunderte und Tausende von Kindern, die sterben, weil sie nicht die Hilfe bekommen, die Sie ihnen geben könnten, wenn Sie über die nötigen Mittel verfügen."

„Was meinst du, Jean?" und Margaret geriet in einen Moment der Vergesslichkeit.

„Oh, mein Kind! Du brauchst nur durch die Straßen des großen Babylon zu gehen und die armen kleinen Dinge zu sehen; aber verlasse die Straßen, geh auf die Seitenstraßen, lass die Straßen in Ruhe und sieh selbst. Als ich meine verlor An dem Tag, als ich einen Brief von Ihnen zur Bank brachte, sah ich einen Anblick, der mir das Herz schmerzte, und als ich all den Dreck und das Elend sah, tröstete ich mich und sagte: „Meine junge Dame ist reich, und Sie wird etwas für diese Kleinen tun.""

„Aber alles, was ich tun könnte, wäre ein Tropfen auf den heißen Stein."

„Und besteht der Ozean nicht aus Tropfen? Wir können alle nur wenig tun – aber müssen wir nicht sehen, dass wir so wenig tun?"

„Wie kann ich anfangen?"

„Ich bin ein armer, unwissender Körper, aber ich würde zu irgendeinem Arzt gehen und sagen: ,Ich will dieses Geld nicht, aber ich möchte Kindern helfen, um eines kleinen Kindes willen, das ich liebte und das ich selbst verloren habe."

Margarets Tränen flossen, aber es waren keine Tränen der Bitterkeit. Jean hatte einen rechten Akkord berührt. Mit der Möglichkeit, etwas zu tun, einem gegebenen Anreiz zum Handeln, strahlte ein wärmeres Gefühl für die Menschheit auf. Der Egoismus ihrer Trauer ließ nach, und als sie erneut betend neben dem blumengeschmückten Grab kniete, betete sie nicht nur für sich selbst, für die Begegnung, nach der sie sich sehnte, sondern sie betete auch für andere und stand erfüllt auf mit der aufrichtigen Hoffnung, dass sie ihnen in Zukunft Trost und Hilfe sein möge.

Sie ging ruhig und schweigend an Jeans Seite. Es passierte nichts mehr zwischen ihnen; aber als sie zu Hause ankamen, blieb sie im Flur stehen, legte ihre Arme um Jeans breite Schultern und küsste sie herzlich.

Grace war voller neuer Entschlossenheit und ihre Stimmung erschütterte Margaret nicht wenig; Aber sie hatte ehrlich gesagt vor, weniger Egoismus an den Tag zu legen. Sie hatte sich eingestanden, dass sie egoistisch war, und sie versuchte mutig, ihre ganze Aufmerksamkeit auf den begeisterten Bericht ihrer Schwester über nichts Geringeres als ein braunes Samtkleid zu richten, das ihre Fantasie völlig in Besitz genommen hatte.

„Wie lange soll ich das tragen, Liebling?" fragte sie mit einer Miene, als wäre sie bereit, für ihre Schwester ein Opfer zu bringen, so abstoßend ihre eigenen Gefühle auch sein mochten.

Wie die arme Margaret wäre vor einer Weile, vor ein paar Stunden, vor einer solchen Frage zurückgeschreckt? Jetzt berührte Grace sanft die Schulter und sagte leise:

„Ich war egoistisch, Liebes. Ich habe erwartet, dass du mit mir trauerst; du hast keine Erinnerung an mein Kind. Nein, trage nicht den Anschein einer Trauer, die du nicht fühlen kannst."

„Du bist ein Schatz, Margaret. Dann habe ich vielleicht den Samt?"

„Ist es sehr teuer?" fragte Margaret und bemühte sich, sich mit Grace ganz auf die Interessen des Augenblicks einzulassen.

„Nicht, dass *du* es mir gibst", sagte Grace, während sie durch den Raum wirbelte, entzückt über diesen ersten großen Erfolg ihres neu gefassten Vorsatzes.

Margaret sah sie überrascht an.

„Du redest, als hättest du erwartet, dass ich … sein Geld für dich und für mich selbst verwende."

„Meine Güte, Margaret, du wirst dich bestimmt nicht lächerlich machen! Und ich wollte, dass du so viele Dinge für mich tust. Ich hatte mir vorgenommen, nach London zu gehen und schöne Dinge zu haben; du bist zu schade!" und Grace, deren Hoffnungen so plötzlich zunichte gemacht wurden, brach in Tränen aus.

Margaret hatte unendliche Schmerzen. Abgesehen davon, dass sie von Grace enttäuscht war, war sie sich dennoch einer ständigen Enttäuschung in Bezug auf ihren Charakter bewusst, die sie zu erschrecken schien. Und es war sehr wundervoll, dachte sie, denn Grace war sehr krank und nahe an den Toren des ewigen Lebens gewesen, und eine solche Krankheit musste in gewisser Weise wie ein großer Kummer sein und sicherlich die trivialen Eitelkeiten des Lebens beeinträchtigt haben scheinen in der Tat trivial zu sein. Aber als sie von Reichtum sprach, musste sie ihr klar machen, dass sie *sein* Geld nicht verwenden konnte, außer auf irgendeine Weise, um anderen zu helfen, die Hilfe brauchten.

„Grace", sagte sie, setzte sich und zog ihre Schwester zu sich, „ich möchte, dass du mir zuhörst, und ich möchte, dass du mich verstehst."

„Ich werde nicht zuhören", antwortete Grace, immer noch heftig schluchzend, „wenn du schrecklich sein willst. Du kannst dir meine Enttäuschung nicht vorstellen! Ich dachte, sobald es dir besser geht und … vergisst, dass alles wieder gut wird, und dass ich tun solle, was ich will, und gehen solle, wohin ich will, und so weiter, und wie soll ich das tun, wenn du mir kein Geld gibst?"

„Nichts wird mich dazu bewegen, etwas vom Geld meines Mannes für mich selbst oder für dich auszugeben, Grace. Du kennst meine Gefühle dabei nicht. Ich habe gesündigt, indem ich ihn geheiratet habe, und ich würde die Sünde fortsetzen, wenn ich seinen Reichtum für mich und meinen ausgeben würde." . Ich kann nicht mehr durchmachen, was ich einmal getan habe, und jetzt, wo ich alles klarer sehe, kann ich nicht gegen meine Überzeugung handeln.

„Welchen Sinn hat es dann, dass du dich selbst geopfert hast?" fragte Grace in einem Ton, in dem sich Wut und Verachtung vermischten; „Wirklich, Margaret, du bist so hochnäsig und so lächerlich! Natürlich würde man, wenn man es so betrachtet, nicht erwarten, dass du das noch einmal tust. Ich würde nie im Traum daran denken, dich zu fragen, aber nachdem ich es getan habe, was?" Ist es sinnvoll, alles Gute daran zunichtezumachen?"

„Das Gute daran! Oh Gnade, sprich nicht darüber; es schneidet mir ins Herz, meine Liebe, dass du, meine eigene Schwester, mich nicht besser verstehen kannst, dass du nicht sehen kannst, dass Böses und nicht Gutes daraus entstanden ist." Es!"

„Natürlich", sagte Grace und trocknete ihre Augen, „der Tod des armen kleinen Kindes ist ein Übel für dich, und ich versichere dir, wann immer ich daran denke, könnte ich weinen. Denk nicht nach, denn ich möchte kein Schwarz tragen." , dass es mir nicht so leid tut, wie ich sein kann: Aber jetzt, wo dieser schreckliche Mann tot ist, warum solltest du dich nicht wieder wohl fühlen?"

Margaret sprang von ihrem Sitz auf und stellte sich ihrer Schwester gegenüber; Ihr Gesicht war von einer Art leidenschaftlicher Trauer und Bedauern erfüllt.

„Verstehst du etwas nicht – ein wenig von dem, was ich fühle? Weißt du, Grace, dass ich dachte, als mir dieses kleine Leben geschenkt wurde, dass es keine Bedeutung hätte. Ich vernachlässigte diesen armen, unglücklichen Mann; ich hielt mich von ihm fern; ich mied ihn." Ich lebte nur für mein Kind und musste zusehen, wie es starb – weil ihm die Hilfe für viele andere vorenthalten wurde Idol, und dass ich in jeder Hinsicht gegenüber dem Mann, dem ich geschworen hatte, versagt hatte ..."

„Aber wie konntest du, wenn er verrückt war?" fragte Grace; „Es war völlig unmöglich."

„Das habe ich mir auch gesagt, Grace, aber ich wusste, als ich neben ihm stand und diese schrecklichen Gelübde ablegte – Gelübde, die mir erst bewusst wurden, als ich hörte, wie sie langsam und feierlich vor Gottes Altar ausgesprochen wurden –, Oh Grace, du stehst mir sehr am Herzen." Ich, aber wenn du davon sprichst, dass mein Opfer weggeworfen wurde, denke ich an das geopferte Leben meines Kindes. Oh, Grace, kannst du nicht sehen, dass ich gesündigt habe? über sich selbst, sagen Sie diese Worte und meinen Sie sie doch nicht ernst: und doch habe ich es getan!"

„Aber du hast es für mich getan, Liebling – für mich – und es kommt mir tatsächlich anders vor. Du hast es nicht für dich selbst getan."

„Gott weiß, dass ich das nicht getan habe", sagte die arme Margaret, auf deren zerbrechlichen und zarten Körper diese Szene fieberhaft einwirkte. „Aber ich habe es geschafft. Wir brauchen nicht darüber zu streiten , Liebes; wir brauchen nicht mehr darüber zu diskutieren, wir sollten niemals gleich darüber nachdenken! Wir sind unterschiedlich, Liebes, und wir sehen die Dinge anders – ganz, ganz anders."

„Dann haben Sie sich ganz – ganz entschieden, Ihr ganzes Leben lang arm zu bleiben und sich diese Dinge entgehen zu lassen?" fragte Grace in einem tragischen Ton.

„Ich werde dieses Geld weder für dich noch für mich selbst verwenden", sagte Margaret entschieden.

„Es ist zu schwer", und Grace brach wieder in Tränen aus.

Margaret setzte sich wieder. Sie war noch nicht sehr stark und empfand das alles grausam. Sie ließ Grace für ein paar Augenblicke in Ruhe, dann sagte sie:

„Wenn ich genau wüsste, was du wolltest, Grace, könnte ich vielleicht sehen, ob es nicht auch auf andere Weise möglich wäre."

Ihre Stimme war kalt, trotz all ihrer Zärtlichkeit und Freundlichkeit. Die völlige Unfähigkeit ihrer Schwester, etwas aus der Vergangenheit zu verstehen, verletzte sie zutiefst.

„Jetzt bist du wütend, Margaret, und das ist ein wenig unvernünftig von dir. Weil du mit deinem Leben fertig bist und nicht mehr an angenehme Dinge denken kannst, warum darf ich dann nicht nach vorne schauen?"

Margaret begann. War sie mit ihrem Leben fertig? Sie war noch keine zwanzig; war für sie wirklich alles vorbei? Was die Ehe oder die Liebe anging, gab es natürlich ein Ende; Aber auf ihre eigene Weise wollte sie ihr Leben mit Glück erfüllen, auch wenn eine Wolke des Bedauerns seinen Glanz jemals trüben musste. Ihr ganzes Wesen sehnte sich nach etwas, das ihr ein erfülltes Leben ermöglichte – nach Interesse an einer bestimmten Sache. Die ganze poetische Seite ihres Wesens begann sie erneut zu begeistern. Die Welt hatte viel Trauriges in sich, aber es gab noch unergründliche Tiefen, die ihr vage bewusst waren, und bis sie sie kannte, würde sie nicht verkünden, dass auch hier alles für sie vorbei sei. Der Glanz der wiederkehrenden Gesundheit, die Schönheit der Mittagszeit des Sommers begannen, Einflüsse geltend zu machen, die sie nicht völlig ignorieren konnte. So wie die Liebe den heimlichsten persönlichen Eigenschaften einen unbestimmten Charme verleiht, so wirft die Poesie in ihrem höchsten, weitesten und umfassendsten Sinne einen Heiligenschein über die alltäglichen Phasen des Daseins, berührt alles mit einem goldenen Licht und macht es schön.

Nichts war merkwürdiger als die schnellen Gedanken, die die eine Schwester über die Gegenwart hinaus trugen, und die Konzentration der anderen auf eine so banale Angelegenheit wie ein braunes Samtkleid, denn Grace betrachtete es als einen ihrer Ansprüche, die sie verdiente hatte eine

Hartnäckigkeit bei der Zielsetzung – diese Hartnäckigkeit hätte, wenn sie auf höhere Ziele angewendet worden wäre, Lob verdient.

Sie beobachtete gespannt Margarets Gesichtsausdruck und brachte sie sehr bald zu weltlichen Angelegenheiten, weil sie wissen wollte, wie Margaret die Dinge regeln wollte.

„Was denkst du zu tun?" sie fragte eifrig; „Und wenn Sie die Sache regeln wollen, können Sie dann nicht auch meine Kleidung regeln?"

Während sie sprach, beugte sie sich vor und beobachtete aufmerksam das Gesicht ihrer Schwester.

„Grace, es ist sehr dumm von mir zu vergessen, dass du und ich immer unterschiedlich über Kleidung und andere Dinge nachgedacht haben. Natürlich musst du, wenn ich meinen Plan umsetzen kann, Kleidung und andere Dinge haben; wenn ich das arrangieren kann." Ich werde es ganz bequem für dich arrangieren, aber du musst geduldig sein, mein Lieber.

„Ich hasse die Konditionalform", sagte Grace, und dann, als sie sich ein wenig aufheiterte, sagte sie fröhlich: „Ich glaube, du wirst es schaffen, und du bist wirklich ein großer Schatz."

„Es gibt noch eine Sache, eine Warnung, die ich dir geben möchte, Grace. Wirst du auf deine Gesundheit achten? Es geht dir gerade wunderbar, aber du weißt selbst, Liebes, wie empfindlich du bist. Wenn du nicht aufpasst." Du wirst wieder im Krankenzimmer sein.

„Oh! Bitte krächze nicht und sei nicht schrecklich, jetzt wirst du gerade wieder netter."

„Arme Gnade!" sagte Margaret mit einem kleinen Seufzer.

Sie ging in ihr Zimmer, stellte ihren Stuhl ans Fenster und setzte sich, um über den Plan nachzudenken, den sie gemacht hatte. Sie war entschlossen, niemandem etwas zu schulden. Wenn ihre Schwester nach London gehen würde, dürfte das nötige Geld von niemandem außer ihr selbst kommen.

Sie öffnete ihren Versandkasten und sah ihre Papiere durch. Sie wollte die Adresse des Verlegers herausfinden, der seine Wertschätzung für ihre Schriften so deutlich zum Ausdruck gebracht hatte.

Sie suchte vergebens. Sie konnte es nirgends finden. Dann erinnerte sie sich, dass Sir Albert Gerald alle Vorbereitungen für sie getroffen hatte und dass sie über ihn korrespondiert hatte.

Sie zögerte nicht, ihm zu schreiben, da er jetzt ein Freund und nur noch ein Freund war. Die Tragödie des Todes ihres Kindes hatte die Erinnerung an das, was gewesen war, ausgelöscht, und sie hatte so viele Prüfungen durchgemacht, sie war so sehr verändert, dass sie nicht einen Moment daran zweifelte, dass die Veränderung auch in Bezug auf ihn gleich sein würde. Ihr Brief war direkt, einfach und frei von jeglicher Anspielung auf ihren Kummer. Sie sagte, sie wolle direkt mit dem befreundeten Verleger in Kontakt treten – und fügte dann hinzu: „Ich möchte etwas Geld verdienen. Das mag Sie überraschen, da ich glaube, dass ich sehr reich sein soll, aber ich denke, Sie werden das verstehen." Das Geld muss in einer akzeptablen Weise kommen, sonst werde ich abgelehnt. Ich habe nicht die Absicht, das Geld, das mir hinterlassen wurde, für mich selbst zu verwenden, und ich möchte es, wenn möglich, niemandem außer mir selbst schulden."

Dann wartete sie geduldig.

In ihren Briefen an Frau Dorriman schrieb sie ausführlich über ihre eigenen Pläne. „Ich möchte bestimmte Dinge in Angriff nehmen, selbst sehen und urteilen und das Geld, das ich erhalten habe, dazu verwenden, kleinen Kindern und anderen zu helfen. Wenn ich alles arrangiert habe, möchte ich zu Ihnen und Onkel Sandford kommen. Ich Ich werde nicht sehr arm sein, weil ich glaube, dass es in meiner Macht steht, Geld zu verdienen, aber Grace kann nicht nach Schottland gehen. Sobald ich es für sie arrangieren kann, geht sie nach London, um dort zu bleiben irgendjemand, zumindest für eine gewisse Zeit.

Frau Dorriman las diesen Brief mit größter Befriedigung.

Margaret war ihr sehr ans Herz gewachsen und in ihrem Brief nannte sie Herrn Sandford den Namen, den er schon immer von ihr hören wollte. Die Tatsache, dass sie angeboten hatte, zurückzukommen, musste ihm zeigen, wie vollständig sie ihm vergeben hatte.

Seit dieser wunderbaren Enthüllung über Inchbrae war Mrs. Dorrimans Umgang mit ihrem Bruder sowohl zärtlich als auch liebevoll gewesen. Sie versuchte zu beweisen, dass ihre Vergebung vollständig war, und sie konnte nicht verstehen, warum er, nachdem er diese Bürde nun nicht mehr im Kopf hatte, immer noch auf ein Gewicht anspielte.

Wenn er hereinkam und sie sich erhob, um ihn zu begrüßen, ertappte sie sich oft dabei, wie er sie beobachtete, als stünde immer noch etwas zwischen ihnen, und das hilflose Gefühl, nicht ganz verstehen zu können, überkam sie erneut.

Eines Tages kam er müde herein, und sie sah, dass er müde in seinen Stuhl sank.

Tee war da, und sie gab ihm etwas davon und machte eine dieser trivialen Bemerkungen, die man oft macht, wenn abschweifende Gedanken an der Tagesordnung sind.

„Anne, ich glaube nicht, dass Margaret hierherkommen möchte“, sagte er plötzlich, „und das denkst du auch.“

Mrs. Dorrimans zartes Gesicht errötete ein wenig. „Margaret bietet an zu kommen“, sagte sie nach einer kleinen Pause.

„Ich finde, das Geschäft ermüdet mich immer mehr“, sagte er, wie es ihr irrelevant vorkam.

„Es tut mir leid“, antwortete sie und blickte etwas besorgt in seine Richtung.

„Warum sollten wir nicht alle zu Ihnen nach Hause gehen?“, fragte er, als stelle er die schlichteste und einfachste Frage der Welt.

„Nach Inchbrae! Oh, Bruder!“ Dieser plötzliche Vorschlag erfüllte sie mit so großem Glück, dass sie nicht weiterkommen konnte.

„Ich möchte, dass Margaret gesund wird, und ich habe vor, meinen Vorsitz und andere Dinge niederzulegen. Ich werde das Geschäft aufgeben. Ich möchte – Ruhe.“

Sein Verhalten beunruhigte sie, aber sie versuchte, sich zu beruhigen und diese neue Wendung in ihren Angelegenheiten ruhig hinzunehmen und ihn nicht merken zu lassen, wie sehr sie davon betroffen war.

Sie unterdrückte ihre Emotionen und sagte in sachlichem Ton: „Es wird eine lange Reise für Margaret und den armen Jean.“

„Darüber habe ich nachgedacht. Als Margaret sich weigerte, das Arrangement anzunehmen, das Drayton für sie getroffen hatte, hörte ich von Stevens und stehe seitdem mit ihm in Briefwechsel. Ich denke, er könnte sie hierher bringen; es gibt sehr viel zu tun.“ arrangieren."

„Aber wenn wir nach Inchbrae gehen, Bruder, könnte sie dann nicht direkt dorthin kommen?“

„Ja, Sie können dorthin gehen und sie empfangen. Ich muss Stevens hier sehen.“ und dann fuhr er in einem seltsamen Ton fort: „Wenn du willst, dass ich dir folge, werde ich dorthin gehen.“

„Wenn ich es wünsche?“

„Du weißt es nicht, Anne. Du weißt nichts“, rief er mit etwas von seiner alten, sehr gebieterischen Art aus.

Sie war erschrocken und verärgert. Warum machte er so weiter? Warum ständig reden, als hätte sie noch viel zu lernen?

„Eines noch“, sagte er in einem weniger aufgeregten Ton, „ich möchte nicht, dass jeder Idiot im Ort klatscht, redet und sich wundert; gehen Sie und besuchen Sie die wenigen Nachbarn, mit denen Sie Bekanntschaft gemacht haben, und sprechen Sie davon, dorthin zu gehen." Zuhause, und Margaret natürlich zu empfangen, wenn Sie plötzlich gehen, weiß niemand, was gesagt werden kann.

„Und über dich, Bruder?"

„Über mich? Wen interessiert das?" er sagte; „Mein Auftritt in dem Stück ist fast zu Ende. Was kümmert mich das alles? Aber man kann sagen, ich bin krank – das ist die Wahrheit, ich bin krank."

„Wenn du krank bist, werde ich dich nicht verlassen."

„Unsinn! Meinem Körper geht es gut, aber es gibt etwas, das weit mehr schmerzt als körperliche Krankheit."

Auf einen Tumult in der Halle folgte der Auftritt des Dieners.

Er kündigte die Ankunft einer Kiste für Mrs. Dorriman an.

Sie vergaß in diesem Moment, dass sie zu den Macfarlanes geschickt hatte, um die berühmte Kiste zu holen, die so viel enthielt, was ihr wichtig war, und als sie sie sah, versetzte es sie in einen kleinen Schock. Anscheinend war es für ihren Bruder ein größerer Schock, denn er war bis auf die Lippen weiß.

„Anne", sagte er, und seine Stimme war voller Bitten, „wirst du mir einen großen Gefallen tun: Wirst du dir den Inhalt dieser Kiste nicht ansehen, wirst du die Siegel nicht brechen, bis du in Inchbrae bist?"

Mrs. Dorriman – die es mit einem merkwürdig gemischten Gefühl ankommen sah, halb fürchtend, halb gespannt auf den Inhalt – sagte leise: „Es soll so sein, wie du es wünschst, Bruder."

KAPITEL IV.

Die langen Julitage standen vor der Tür, in den Highlands viel länger als in anderen Teilen Großbritanniens, und die meisten Menschen, die an diesem bevorzugten Ort leben, sind der Meinung, dass sie die kürzeren Wintertage mehr als wettmachen. Über allem lag die Schönheit des Sommers. Wo die Hitze nicht zu intensiv ist, um es zu genießen, was für eine köstliche Sache ist ein langer Sommertag!

In Inchbrae, wo das Meer die Luft kühl hielt, war es perfekt; An der Seite der Brandung und unten am Wasserfall zeigten mit Gischt bestreute Farne ein ewiges Grün, tausend Blumen verweilten in der Frische der Brandung; Geißblatt und Dornbusch wetteiferten im Duft miteinander.

Der Garten in der Nähe des Hauses war in Perfektion, denn auch wenn die Frühlingsblumen spät kommen, machen sie das wieder wett, wenn sie kommen – und Rosen und Geranien sorgten für leuchtende Farben und fingen das Sonnenlicht ein, um ihre Schönheit zu unterstreichen.

Frau Dorriman hatte große Gefühle gehabt, als sie an dem kleinen Ort ankam, wo sie so viel Kummer durchgemacht hatte. Für sie stand Inchbrae an zweiter Stelle nach dem alten Zuhause, an das sie viele Erinnerungen hatte, aber sie liebte es, und es war ihr ganz eigenes, und die Tatsache, es zu besitzen, verleiht allem einen gewissen Stolz.

Christie hatte sie mit der ganzen Herzlichkeit einer alten Freundin und Verwandten aus den Highlands empfangen. Sie hatte geschrubbt und geputzt, und Mrs. Dorriman vermisste Jean zwar auf Schritt und Tritt, war aber voller Dankbarkeit.

„Eh, meine Liebe, die Zeit ist für dich stehen geblieben", sagte Christie zu ihr, während sie ihre schnellen Bewegungen hin und her beobachtete; „Du bist eine andere Frau als damals, als du weggegangen bist."

„Ich bin glücklicher, Christie."

„Ja, du bist glücklicher, aber du musst noch mehr bekommen; es wird noch mehr Gutes auf dich zukommen."

Frau Dorriman lachte leise.

„Prophezeien Sie mir einen Ehemann in meinem Alter und noch einen weiteren Ehemann?" und dann machte sie sich selbst Vorwürfe, weil sie gelacht hatte.

„Dein Alter ist kein Hindernis; aber ich dachte nicht ans Heiraten; ich dachte an das alte Haus, an das alte Zuhause."

„Oh, tun Sie das nicht", sagte Mrs. Dorriman und hob die Hände, als wollte sie den Gedanken verdrängen; „Machen Sie mich nicht unglücklich, indem Sie mich daran denken lassen. Der alte Ort ist verkauft, Christie, und von uns, von mir, und ich möchte hier glücklich sein."

„Es wird zu dir zurückkommen", sagte Christie beharrlich; „Sie werden sehen, dass es eines Tages wieder Ihnen gehören wird, und es ist auch nicht mehr in weiter Ferne", fügte sie hinzu, mehr zu sich selbst als zu Mrs. Dorriman.

Frau Dorriman wandte sich ab. In diesem Moment, als das weite Meer unter ihr kräuselte und glitzerte und tausend Farben annahm, als es die ziehenden Wolken widerspiegelte, und die Meeresbrise mit ihrer exquisiten Frische über sie wehte, fühlte sie sich schrecklich undankbar, dass sie einen Gedanken an dieses andere Zuhause verschwendet hatte .

Aber hier, bei all seiner Schönheit, fehlte ein Charme – der Charme der Erinnerung.

Inchbrae hatte keine Verbindung zu ihr, und in diesem anderen Zuhause gab es das liebe, freundliche Gesicht des Vaters, der zweifellos mehr für sie getan hätte, wenn er es nur in seiner Macht gehabt hätte.

Sie stand schweigend da und versuchte jegliches Bedauern zu unterdrücken und dankbar und dankbar für das kleine Zuhause zu sein, das sie Margaret zu bieten hatte.

Margaret hatte viel erreicht, aber nicht alles, was sie sich erhofft hatte. Sie hatte Dinge gesehen, die ihr das Herz schmerzten, und sie hatte in vielerlei Hinsicht geholfen, indem sie bereits festgelegte Richtlinien befolgte und es vielen Wohltätigkeitsorganisationen ermöglichte, ihre Aktion auszuweiten. Kinder lernten, auf sie aufzupassen, und die Umstehenden staunten über die Zärtlichkeit und Geschicklichkeit, mit der sie mit ihnen umging.

Da sie wussten, dass sie kinderlos war, waren sie überrascht.

Margaret sprach jetzt nur noch selten von ihrer Kleinen. Tief in ihrem Herzen schätzte sie die Erinnerung daran – denn eine wahre Mutter vergisst nie –, aber sie konnte die Wunde gegenüber Fremden nicht öffnen oder erklären, warum ein krankes Kind ihr größtes Mitgefühl erforderte.

Ihr eigener Name wurde nie genannt und alle Geldvereinbarungen wurden für sie von Mr. Stevens getroffen.

Den anderen Plan, den sie im Hinblick auf Grace umsetzen wollte, fand sie weitaus schwieriger.

Lady Lyons hatte die Wahrheit gesagt, als es darum ging, die „große Dame" zu finden, mit der allein Grace ihr vollkommenes Glück finden und „im

Schwimmen" sein würde. Sie konnte von niemandem hören, der auch nur den geringsten Ehrgeiz hatte, eine junge Dame zu beaufsichtigen, die nicht sehr schön, nicht sehr reich und von niemandem Besonderem war. Grace hatte mehr als ein Interview mit Menschen, die sie als hoffnungsvoll bezeichnete; und sie liebte Witze zu sehr, sogar gegen sich selbst, als dass sie sie nicht zu Margarets Gunsten wiederholte und die Szenen nicht einmal spielte.

Aber es blieb die klare Tatsache, dass sie nichts hören konnte, was auch nur im Geringsten dem entsprach, was sie wollte; und Grace, zu keiner Zeit ein Wunder an Geduld, wurde äußerst gereizt und beschuldigte die Welt im Allgemeinen, sich zusammenzuschließen, um sie zu besiegen.

Margaret, die voller schrecklicher Szenen nach Hause kam, an die sie sich nicht gewöhnen konnte, war unbeschreiblich besorgt. Der scharfe Kontrast zwischen dieser unerfüllten Sehnsucht ihrer Schwester nach bloßem Vergnügen und den schrecklichen – manchmal schrecklichen – Realitäten, denen sie vielleicht kurz zuvor gegenübergestanden hatte, traf sie schmerzlich. Sie war selbst nur ein Mensch, und zwischen ihnen kam es manchmal zu wütenden Worten und scharfen Erwiderungen, die sie hinterher mit Bestürzung erfüllten.

Bei so weit voneinander entfernten Charakteren wie den ihren war es nur zu erwarten, dass der Tag kommen würde, an dem eine gewaltige Krise ihnen zeigen würde, wie angespannt die schwesterlichen Akkorde jetzt waren.

Nach einer Szene zwischen ihnen war es jedoch Margaret, die versuchte, einen erkannten Mangel an Zuneigung auszugleichen, indem sie Grace etwas gab, was sie sich wünschte.

In diesem Moment unternahm Lady Lyons mit der seltsamen Missachtung der Eignung von Dingen, die manche Menschen auszeichnet, einen erfolgreichen Versuch, Margaret zu sehen – mit einem bestimmten Ziel.

Wie wir wissen, gehörte die arme Lady Lyons zu den Müttern, die nicht wirklich über die Charaktere ihrer Söhne Bescheid wussten, und sie vermutete, dass Paul (der sich das nie vorwarf) wahrscheinlich zu schüchtern war, um ein paar notwendige Worte zu sagen, um Margaret das zu zeigen , als die Zeit die Dinge für alle ein wenig angenehmer gemacht hatte, hoffte er, sie in der Lage zu finden, auf seine Hingabe zu reagieren.

Sie glaubte, dass nun Bewegung in der Luft lag und Margaret davon sprach, nach Schottland zu gehen. Es würde der Sache erheblich helfen, wenn sie eine Kleinigkeit sagen könnte, um Margarets Aufmerksamkeit zu erregen und sie das sehen zu lassen, obwohl Paul sich (aus Zartgefühl) davon fernhielt) schwebte er sozusagen am Horizont.

Eines Tages betrat Lady Lyons den Tatort und betrat das Wohnzimmer. Dort fand sie Margaret sehr verstört und Grace weinend auf einem Sofa vor.

Das war sehr interessant. Hatten sich die Schwestern dem Klartext hingegeben, eine Angelegenheit, bei der die besten Schwestern gelegentlich mehr von der Freizügigkeit ihrer Beziehung als von dem Band der Einheit zeigen, das angeblich zwischen ihnen besteht?

Sie war gegenüber Margaret immer ausgesprochen mütterlich und hoffte, dass sie es verstand, war aber ein wenig enttäuscht darüber, dass Margaret sich nie ausreichend lockerte, um es ihr zu ermöglichen, sie zu umarmen.

Als Margaret gut gelaunt war, neigte sie dazu, sich gegenüber Grace über sie lustig zu machen und sie eher als „eine überschwängliche alte Dame" darzustellen, und der beabsichtigte mütterliche Eindruck blieb bislang erfolglos.

Bevor Lady Lyons ihre Ideen vollständig geklärt hatte, zog Grace, sehr zur Überraschung ihrer Schwester, Lady Lyons in ihren Rat ein und sprach offen mit ihr über ihre Hoffnungen, ihre Enttäuschungen und alles andere und endete mit den Worten:

„Sie hatten völlig recht, Lady Lyons – niemand wird mir etwas zu sagen haben."

„Meine liebe Miss Rivers", sagte die verirrte Frau und sprach in einem äußerst herablassenden Tonfall: „Haben Sie keine Angst, Ihr Tag wird kommen. Sie werden sehen, Ihr Tag wird kommen."

„Sie liegen alle falsch", sagte Grace, sehr verärgert über sie; „Ich spreche von einer Begleitperson."

„Grace, es hat wirklich keinen Sinn, Lady Lyons mit unseren Privatangelegenheiten zu belästigen", sagte Margaret in einem Tonfall, von dem sie überzeugt war, dass er Graces Indiskretion im Zaum halten würde.

"Unsinn!" sagte Grace kühl. „Nun, Lady Lyons, hier ist die ganze Sache. Ich möchte einen kleinen Blick auf London werfen" (Graces Vorstellungen hatten sich ein wenig geändert); „Ich erwarte nicht, zu königlichen Gartenpartys und all diesen tollen Dingen zu gehen, aber ich möchte zu Bällen gehen und angenehme Dinge tun. Ich sehne mich danach, etwas Spaß zu haben."

„Ich bin sicher, es ist sehr natürlich", sagte Lady Lyons, ein wenig berührt von diesen mädchenhaften Gefühlen.

„Margaret ist nicht deiner Meinung", sagte Grace. „Sie verbringt ihre Zeit sehr gerne in Krankenhäusern und an sehr grausamen Orten, wo sie sich um kranke Menschen kümmert – das ist *ihre* Vorstellung von Glück. Es ist nicht meine."

ein paar Launen zu haben , und die liebe Mrs. Drayton wird vielleicht nach einer Weile zu sich kommen", sagte Lady Lyons und nickte überschwänglich mit dem Kopf zu Margaret.

„Sie verstehen sie nicht", sagte Grace, die mit ihren Vertraulichkeiten nicht aufhören wollte – weil sie ihre Schwester ärgern wollte – „Sie nennen sie reich, aber sie ist überhaupt nicht reich. Sie hat ihr ganzes Geld verschenkt, Lady." Lyons; sie hat Tausende hierher und dorthin geschickt. Sie wird es nicht anfassen. und Grace vergrub ihr Gesicht in ihrem Taschentuch.

Zu sagen, dass Lady Lyons sprachlos war, heißt sehr wenig sagen. Sie hatte das außergewöhnlichste Gefühl, als wäre Paul auf irgendeine Weise betrogen worden.

„Es ist das Außergewöhnlichste, was ich je in meinem Leben gehört habe!"

Margaret erhob sich, reichte ihr die Hand und wünschte ihr Lebewohl.

„Es gibt keinen Grund, warum es nicht bekannt sein sollte", sagte sie mit erhöhter Farbe, „obwohl ich denke, dass meine Schwester die Geschichte vielleicht anders erzählt hätte."

Lady Lyons schüttelte ihr die Hand, und die Veränderung in ihrem Verhalten wäre äußerst amüsant gewesen, wenn jemand dabei gewesen wäre und es gesehen hätte.

Als Margaret den Raum verlassen hatte, kam ihr plötzlich eine Idee zu der hervorragenden Frau, die sie dort sitzen ließ. Sie trat etwas näher an Grace heran und sagte mit Nachdruck:

„Sagen Sie mir, meine liebe Miss Rivers, seien Sie jetzt ehrlich zu mir. Wie hat dieser liebe, gute Mr. Sandford die Heirat Ihrer Schwester aufgenommen? War er wütend?"

„Er war wütend", antwortete Grace. „Es war sehr lächerlich von ihm, da er den schrecklichen Mann überhaupt erst ins Haus gebracht hat, also ist er die allerletzte Person, die einen Fehler finden sollte."

„Und wenn Mrs. Drayton nach Schottland geht, meint sie damit nicht, bei Mr. Sandford zu bleiben?"

„Natürlich nicht. Dann werde ich irgendwann nicht mehr zu ihr gehen können."

„Und es war wirklich eine Menge Geld, das sie aufgegeben hat."

mich gedacht ."

„Ich denke, das könnte sie tatsächlich.“

„Weil ihr Geld egal ist, ist das kein Grund, warum ich es nicht tue. Ich *hasse* Armut.“

„Die meisten Leute tun das, es scheint sehr schade zu sein“, sagte Lady Lyons gefühlvoll mit einem Seufzer.

„Ich gebe nicht vor, wie Margaret zu sein, ich interessiere mich für schöne Dinge. Ich glaube, ich *liebe* Kleidung“, sagte Grace nachdenklich; „Und außerdem habe ich nie vor, jemanden zu heiraten, der nicht so reich ist, wie reich nur sein kann!“

„Ich denke, du hast völlig recht, mein Lieber, ganz recht, dass du kein eigenes Geld hast.“

„Aber ich habe selbst viel Geld“, und Grace riss die Augen weit auf, „ich meine, ich habe so viel von Mr. Sandford, wie ich will, aber ich möchte gerne extravagant sein.“

„Entschuldigen Sie, meine liebe Miss Rivers, bitte entschuldigen Sie, aber Sie sind ein wenig inkonsequent, Sie sagen, Sie haben Geld, viel Geld, und dann sind Sie wütend, weil Ihre Schwester ihres verschenkt.“

„Ich habe genug für ein Mädchen, das heißt, Margaret gibt mir alles, was ich will, aber ich hätte gerne ein Haus in London, Pferde, Kutschen, um Geld wegwerfen zu können, um mich wirklich *reich zu fühlen* ! Jetzt setzt Margaret immer Eine so unangenehme Frage für mich. Wenn ich sage, dass ich etwas will, fragt sie: „Können Sie darauf verzichten?“ Warum würde man niemals anständige Kleidung kaufen, wenn man *das sagen würde* ?“, und Grace seufzte sehr schwer.

„Angenommen, meine liebe Miss Rivers, nur angenommen, Sie finden eine Dame, die bereit ist, Ihre Anstandsdame zu sein, welchen Anteil würden Sie dann an den Haushaltskosten übernehmen?“ Lady Lyons richtete ihren Blick mit großem Eifer auf das Gesicht des Mädchens.

"Keiner!" sagte Grace ruhig.

Lady Lyons begann.

„Aber wenn eine Dame nach London ginge und ein Haus mietete und Kutschen und Bedienstete bekam, alles auf Ihre Rechnung, würde sie erwarten, dass Sie sich an den Kosten beteiligen.“

„Dann würde sie sich völlig irren, und ich habe keine Ahnung, mit jemandem nach London zu gehen, der niemanden kennt, der noch nicht einmal einen Anfang gemacht hat. Zum Beispiel“, und Grace lachte lachend, „angenommen, Sie selbst hätten an so etwas gedacht , warum würde es keinen Zweck haben; ich vermute, Sie kennen ein paar Leute, aber alle Ihre Bekannten sind sehr wahrscheinlich … Fossilien", und Grace brach in einen herzlichen Lachanfall aus. Lady Lyons zog ihren Umhang um sich und legte ihre würdevollste Haltung an.

„Ich wünsche Ihnen einen guten Morgen, Miss Rivers. Natürlich würde allein meine Gesundheit verhindern, dass ich jemals daran denken würde, einen solchen Angriff zu unternehmen!"

„Jetzt sind Sie beleidigt von mir, Lady Lyons. Natürlich habe ich mich geirrt, als ich Fossilien gesagt habe, aber das Wort ist mir irgendwie durchgerutscht. Ich bitte um Verzeihung – Sie wissen, dass ich eine schreckliche Gans bin – verzeihen Sie mir!"

Lady Lyons war nicht so leicht zu besänftigen. Sie war natürlich sehr wütend über das verwendete Wort, und sie war auch zutiefst beleidigt darüber, dass sie in gewisser Weise abgelehnt worden war, bevor sie etwas vorgeschlagen hatte, aber sie wollte über diese Idee von Grace Rivers nachdenken. Sie hatte schon immer eine Sehnsucht nach Londoner Ärzten verspürt und das vage Gefühl gespürt, dass ihre vereinten Fähigkeiten auf wunderbare Weise Gesundheit, Kraft und sogar Jugend erneuern könnten.

Obwohl Grace sie so entschieden auf die Seite gedrängt hatte, wusste sie, dass dies nicht endgültig war. Sie war schlau genug, um zu erkennen, dass das Mädchen gebeten werden könnte, die Aufgabe zu übernehmen, wenn sie ihren Plan nicht auf andere Weise ausführen konnte. und obwohl sie eine Invalide war, ging ihr ihr Leiden so sehr auf die Nerven, dass die fröhliche Gesellschaft ihr gut tun könnte.

Sie reichte Grace daher mit einem Anflug von Gönnerschaft die Hand der Vergebung, und es herrschte bis dahin Frieden zwischen ihnen.

Sehr zu Margarets Empörung bestand Grace auf Werbung, und ihre Werbung löste nicht wenig Diskussion zwischen den Schwestern aus.

„Ich werde es so ausdrücken: ‚Eine junge Dame von Rang und guter Herkunft möchte bei einer Dame von … wohnen'. Ich fürchte, wenn ich ‚Rang' einbeziehe, wird es snobistisch aussehen", sagte sie nachdenklich. „Und es ist mir egal, ob sie einen Rang hat oder nicht. Ich möchte nur mit jemandem zusammen sein, der jeden kennt!"

„Ich verstehe nicht, wie Sie es so formulieren können, dass es Ihre ganze Bedeutung zum Ausdruck bringt", sagte Margaret; „Und du weißt wirklich selbst nicht, was du willst."

Grace lächelte.

„Oh ja, das tue ich. Ich möchte viel wirklich gute Gesellschaft. Warum alles noch einmal durchgehen?“

„Weil Sie fragen, was ich für eine Unmöglichkeit halte. Wenn Sie eine Erbin wären, wäre alles ganz einfach; aber mit moderaten Mitteln, ich wiederhole, wird niemand mit einer Position mit einer solchen Anklage zu kämpfen haben.“

Grace blieb jedoch hartnäckig, und als die Anzeige ihr schon seit einigen Tagen ins Gesicht starrte, erhielt sie zwei Antworten.

„Lady Turnbull wird sich freuen, der jungen Dame, die in die Gesellschaft eintreten möchte, ein Interview zu geben, und möchte wissen, welchen Betrag die junge Dame als Gegenleistung für Begleitung, Verpflegung, Unterkunft und Seelenangst beisteuern möchte.“

„Die Frau muss verrückt sein!“ rief Grace aus. „Geistesangst! So etwas Lächerliches habe ich noch nie gehört.“

Der andere Brief stammte von einer Frau Geoffrey Lansdowne Bill, die ihren Namen durchgehend, von einem Ende zum anderen, verwendete.

„Mrs. Geoffrey Lansdowne Bill, die ein geräumigeres Haus hat, als sie braucht, würde der jungen Dame, die sich um ein glückliches und elegantes Zuhause und eine Aufsichtsperson bewirbt, zwei Zimmer überlassen. Mrs. Geoffrey Lansdowne Bill, die zwei ihrer Töchter gut geheiratet hat, wäre durchaus bereit, die Ansichten der jungen Dame in dieser Richtung zu fördern.

„Die Gesellschaft, in der sie sich bewegt, ist gemischt und teilt gleichermaßen Literatur und Mode. Mrs. Geoffrey Lansdowne Bill erwartet natürlich eine sehr ansehnliche Vergütung für ihre Mühe, und ich möchte sofort von der jungen Dame hören.“

Sogar Margaret lachte herzlich über diesen Erguss.

„Schade, dass einer ihrer literarischen Freunde ihr nicht geholfen hat, ihren Brief zu schreiben“, sagte sie lachend, als sie ihn durchsah, „und ihre Zeitformen in Ordnung zu halten.“

„Ich sollte denken, dass die Gesellschaft ,gemischt‘ war“, rief Grace zornig, „und ich weiß, was Sie denken – Sie denken, dass diese beiden Misserfolge beweisen werden, dass ich völlig falsch liege – Sie bilden sich ein, dass mich das von meinem Plan überzeugen wird.“ ist unmöglich – aber ich habe vor, es irgendwie zu schaffen.

„Sehr gut“, sagte Margaret sehr leise.

Nur zwei Tage später kam Grace eilig ins Zimmer und verkündete, dass Mr. Stevens da sei und sie sehen wolle; und im selben Atemzug fügte sie hinzu: „Ich habe Lady Lyons gesehen, und sie wird sich um mich kümmern, sie ist nach London gegangen, um sich um Zimmer zu kümmern, und jetzt bleibt Ihnen nichts anderes übrig, als zu sagen, wie viel Geld Sie können." Gib mir, weißt du, ich werde genug haben, und halte mich keinen Moment in der Schwebe. Bevor Margaret ihr antworten konnte, war sie weg.

Die arme Margaret empfand immer ein bitteres Gefühl der Demütigung, wenn die Frage nach dem Geld ihres Mannes angesprochen werden musste.

Sie hatte Mr. Stevens selten gesehen, obwohl sie viel Briefwechsel führten. Er konnte ihre Ansichten nie verstehen. Nachdem sie Mr. Drayton zunächst wegen seines Geldes geheiratet hatte, warum weigerte sie sich später, von seinem Testament zu profitieren?

Diese scheinbare Inkonsistenz beunruhigte ihn; Er hatte sie hart beurteilt, bevor sie sich kennengelernt hatten, und jetzt hatte er gelernt, sie so sehr zu mögen, dass er eine Erklärung für ihr Verhalten wollte, die ihn zufriedenstellen würde.

Er kam jetzt zu ihr, weil einige Dinge ungeklärt geblieben waren und er das Gefühl hatte, dass ein persönliches Gespräch viel Ärger und Korrespondenz ersparen könnte.

Margaret sah ihn nie ohne Emotionen. Sie hatte das gleiche Gespür dafür, wie wir die meisten von uns haben, was die Sympathie oder Abneigung eines Bekannten für uns angeht, und sie wusste, dass sie, obwohl er ihr Höflichkeit und sogar Mitgefühl entgegenbrachte, nicht seine Zustimmung hatte.

Wie konnte er sie gutheißen, wenn er nur die bloße Tatsache ihrer Ehe kannte? Manchmal sehnte sie sich danach, ihm wenigstens so viel zu sagen, was sie in seinen Augen in Ordnung bringen könnte, denn die Missbilligung eines im Grunde gerechten Mannes schmerzte sie.

Aber die Umstände, die zu ihrer Heirat geführt hatten und die sie damals für so wichtig gehalten hatte, erwiesen sich als unwichtig. Sie hatte der schwachen Angst ihrer Schwester vor einer Armut, die sie verabscheute, und ihrer Hoffnung, in eine angenehmere Atmosphäre zu entkommen, nachgegeben; und als sie feststellte, dass Margarets Opfer ihre Bedingungen nicht verändert hatte, akzeptierte sie es ruhig als das Unvermeidliche, und die arme Margaret hatte das Gefühl, dass alles, was sie erlitten hatte, in Wirklichkeit nicht von ihr verlangt worden war.

Darin lag der Stachel des Ganzen – und sie konnte sich jetzt nicht mehr zu der Aufregung und dem seelischen Schmerz über Grace zurückfinden, die sie zu einer Tat getrieben hatten, die sie jetzt so bitter bereute.

„Sie haben Mr. Drayton jetzt das gesamte Geld abgetreten, Mrs. Drayton", sagte Mr. Stevens nach einem langen Gespräch. „Dieser letzte Scheck an das Kinderkrankenhaus ist für Sie der letzte Restbetrag. Natürlich bleibt der Ihrer Schwester unberührt, und ich nehme an, da die Investition gut ist, wird sie nicht daran interessiert sein, ihn zu stören."

"Meine Schwestern?" fragte Margaret verwundert. „Welches Geld meinen Sie?"

„Erinnern Sie sich nicht? Mr. Drayton hat mir gesagt, dass Sie großen Wert darauf gelegt haben – dass Sie ihn gebeten haben, etwas über sie zu regeln – dass für den Fall seines Todes für sie gesorgt werden sollte."

Margaret erinnerte sich jetzt mit einem heißen Schamrot daran. Ja, es war Teil ihrer Abmachung gewesen.

"Wieviel ist da?" fragte sie mit leiser Stimme.

Mr. Stevens sah sie überrascht an.

„Es sind fünfzehntausend Pfund; die lebenslangen Zinsen bleiben nur Ihnen überlassen; das Geld wird ihr bei Ihrem Tod. Sie sehen also, dass Sie diese Summe nicht veräußern können. Sie können sie nicht verschenken."

„Ich bin sicher, meine Schwester wird mit mir denken …", begann sie und hielt dann plötzlich inne; Sie war überzeugt, dass Grace ganz anders denken würde.

„Ich weiß nicht, ob Sie nachvollziehen können, wie ich über Mr. Draytons Geld denke", sagte sie hastig. „Es ist keine Laune, keine Abneigung gegen die Annehmlichkeiten und den Luxus des Lebens, aber ich kann nicht!" Sie fuhr mit einem leidenschaftlichen Ton fort, der ihn in einem sonst so ruhigen und teilnahmslosen Tonfall vor ihm überraschte. Ein lautes Schluchzen brach ihre Stimme. Sie schämte sich dafür, Gefühle gegenüber jemandem zu verraten, den sie für unsympathisch hielt, und nach ein oder zwei Augenblicken überprüfte sie alle Anzeichen dafür und sagte in ruhigerem Ton: „Ich vertraue darauf, dass meine Schwester das alles genauso sehen wird wie ich."

„Ich glaube nicht, dass sie das tun wird", sagte Mr. Stevens, der tiefes Mitgefühl für sie hatte und sie mehr mochte, als er es jemals für möglich gehalten hätte. „Aber ich glaube nicht, dass ihr Verhalten in dieser Angelegenheit Sie beunruhigen muss, da die Menschen so unterschiedlich beschaffen sind. Ich selbst schätze Ihre Gefühle in dieser Angelegenheit voll und ganz; es ist Ihnen eine Ehre, wenn Sie mir erlauben, das zu sagen."

„Ich bin so froh, dass du das verstehst", sagte Margaret schlicht. „Ich hatte Angst, dass Sie nicht zustimmen könnten …"

Sie blieb abrupt stehen, aus Angst, erneut zusammenzubrechen; und wandte sich dann mit ruhigerer Stimme dem Thema der Szenen zu, die sie erst kürzlich besucht hatte, und den Bedürfnissen der armen Kinder, die sie so sehr interessierten.

Er war immer entzückter von ihr; Hier gab es keinen hochtrabenden Unsinn, kein übertriebenes Gefühl, aber alle ihre Pläne waren praktisch und voller gesundem Menschenverstand.

Er blieb lange, dann sagte er:

„Jetzt muss nur noch geklärt werden, ob die Zinsen von den fünfzehntausend Pfund, mit denen Sie nichts zu tun haben, für wohltätige Zwecke verwendet oder an Ihre Schwester ausgezahlt werden sollen?"

"Ich werde dir schreiben."

„Tu es, und Mrs. Dorriman vertraut darauf, dass ich dich sicher durch die Gefahren deiner langen Reise bringe."

„Aber es wird dir so viel Ärger bereiten."

"Gar nicht;" Er sprach in einem so freundlichen Ton, dass Margaret das Gefühl hatte, ihn als Freund gewonnen zu haben.

„Liebe Frau Dorriman", sagte sie leise, „was für eine Lektion sie für uns alle ist; so selbstlos und sich all ihrer eigenen Tugenden so völlig unbewusst!"

Er schwieg, und nach ein paar Augenblicken verließ er sie und sie wartete auf Grace, erfüllt von einer gewissen vagen Unruhe, nicht wissend, was sie tun würde, mehr als halb befürchtet, dass sie in der Tatsache, ein Einkommen zu haben, nichts als Befriedigung sehen würde Sie konnte den Unterschied zwischen ihnen nicht nachvollziehen und vergaß, dass Grace schließlich nur sehr wenig von diesen schrecklichen Monaten wusste und dass es ihr völlig unmöglich war, die Dinge aus ihrer Sicht zu sehen.

Sie wandte sich angenehmeren Dingen zu. Auf dem Tisch lag ein kleines Päckchen. Sie wusste genau, was es war, da sie an diesem Morgen einen Brief vom Verleger erhielt.

Die Beweise ihres Gedichts lagen vor ihr. Obwohl sie ihren Namen verschwiegen hatte, war ihre erste Idee fast von Angst geprägt. Sie hatte in diesen Zeilen ihr ganzes Herz zum Ausdruck gebracht – ihre Sorgen, ihre bittere Trauer über die Vergangenheit. Als sie das alles jetzt las, kam ihr alles so lebhaft wieder in den Sinn! Die Zeilen über den Tod ihres Kindes berührten sie mit neuer Trauer; wieder spürte sie das schrecklich leere Gefühl des Verlustes und streckte noch einmal ihre leeren Arme einem antwortlosen Grab entgegen.

In dieser Woge des Gefühls brach Graces Stimme zusammen, und das erschütterte sie noch mehr als sonst.

Mit einem hastigen Klopfen, als wäre es eine Formalität, auf die sie verzichten könnte, und ohne eine Antwort abzuwarten, kam Grace herein, all ihre Kleider und ihr helles, flauschiges Haar in einem Zustand der Verwirrung.

„Margaret!" Sie rief aus: „Ich gehe weg; entweder ich verlasse das Haus oder Jean – diese lästigste, provozierendste, ärgerlichste alte Schottin. Ich werde nicht hier bleiben, wenn sie bleibt!"

„Was in aller Welt ist jetzt passiert?" sagte die arme Margaret besorgt und beunruhigt und sprach mit einer gewissen Schärfe, die für sie nicht üblich war.

„Du brauchst nicht so mit mir zu reden. Natürlich wirst du ihren Teil übernehmen; aber sie war so unverschämt, dass ich es nicht ertragen werde!"

„Ich frage dich noch einmal", sagte Margaret, „was hat sie getan? Sie hat dich treu und liebevoll gepflegt. Was hat sie dich jetzt beleidigt?"

„Sie nannte mich eine Isebel und sagte dann, ich hätte ein Bein im Grab."

„Ich bezweifle, dass sie das sagt, und – oh, Grace, wie kannst du das?" und Margaret stand auf und sah ihre Schwester fest an, ihr eigenes Gesicht wurde rot, während sie sprach.

„Das ist kein Grund zur Aufregung", sagte Grace und versuchte darüber zu lachen, „und Sie selbst sind schuld; Sie wissen nicht, wie anstrengend es ist, Sie eines Tages sagen zu hören: „Ich sehe sehr blass aus." Und geht es mir gut, und an einem anderen Tag werde ich nicht wieder krank sein, Margaret, hörst du?"

„Ich höre", sagte die arme Margaret mit leiser Stimme, schockiert und verzweifelt. Für ihre primitiven Vorstellungen war die Tatsache, dass Grace Rouge benutzte, eine Erniedrigung, über die sie nicht hinwegkommen konnte.

„Du bist genauso schlimm wie Jean", sagte Grace wütend, „und ich habe darauf gewartet, dass dieser lästige Mann weg ist, um dir meine Pläne zu erzählen. Worüber in aller Welt hatte er heute zu reden?"

„Sein Geschäft bezog sich mehr auf Sie als auf mich", und Margaret, immer noch verärgert und verärgert, sprach sehr kalt.

Grace war in einer ihrer provozierendsten Stimmungen; Sie versuchte, jede Unruhe, die sie verspürte, durch einen Anflug von Tapferkeit zu verbergen, und sie ärgerte sich über Margarets Schärfe, als würde ihre Schwester sie durch ihren Tonfall zutiefst verletzen.

„Ist er gekommen, um mir seine Hand anzubieten?" fragte sie, richtete sich auf und sah Margaret mit hochgezogenen Augenbrauen an; „Vielleicht denkt er in seinem mittleren Alter wie eine Schwester – Oh, vergib mir, liebe Margaret! Ich bin hasserfüllt und abscheulich! Niemand außer dir hätte Geduld mit mir! Ich werde gehen und Jeans um Verzeihung bitten!" Ich werde alles tun, nur nicht so aussehen!"

Sie warf sich neben Margaret auf die Knie und weinte leidenschaftlich.

„Grace, wir sind nur zwei. Lasst uns einander lieben und nicht in Unfreundlichkeit verfallen", flüsterte Margaret, und Grace unterdrückte ihr Weinen und stand auf.

„Jetzt sag mir", sagte sie, „was du meinst, Liebling. In welcher Weise bezog sich sein Besuch auf mich?"

„Mr. Drayton scheint mir zu gefallen", *begann* Margaret Sorge für dich, so dass du, wenn ich sterbe oder er gestorben wäre, nicht mehr in Not sein würdest.

„Und was hat er getan?" fragte Grace atemlos, ihre Augen funkelten vor Eifer.

„Er hat dir fünfzehntausend Pfund hinterlassen und mir die Lebensbeteiligung, Grace."

„Und er hat mir überhaupt nichts hinterlassen! Was für eine Schande!" und Graces Augen füllten sich mit wütenden Tränen.

„Er wusste, dass du, solange ich lebe, alles teilen würdest, was ich hatte", sagte Margaret sanft.

„Was anscheinend wenig genug ist, da Sie sich nach und nach in einen Zustand der Verarmung versetzen", sagte Grace bitter.

„Sie haben alles, was Sie wollen, und Mr. Sandfords großzügige Zuwendung ist für uns beide mehr als ausreichend."

„Und da ich nicht wünsche, dass du stirbst, Liebling, und du stärker bist als ich, ist das ein sehr leeres Kompliment."

„Ich möchte dieses Geld nicht anfassen, Grace. Ich hoffe, dass du es auch nicht anfassen wirst."

„Wie kann ich es berühren, wenn es deins ist?"

„Aber wenn ich das Einkommen nicht nehme, wird es entweder für Sie anfallen, oder ich glaube, Sie könnten jetzt die Zinsen haben."

"Entzückend!" rief Grace aus. „Nun, Margaret, du kannst dir jede Bemerkung ersparen. Ich habe dieses Geld in meiner Reichweite und ich habe vor, es mitzunehmen – dorthin!"

KAPITEL V.

Wenn Margaret weiterhin darauf gehofft hätte, dass ihre Schwester die Dinge so sehen würde, wie sie sie sah, wäre sie bald nicht getäuscht worden. Graces Stimmung war eine echte Prüfung für sie, aber das war nichts im Vergleich zu den Glückwünschen, die von Lady Lyons und sogar von Jean einströmten.

Grace verkündete allen, dass sie ein Vermögen erworben hatte, und machte keinen Hehl daraus, dass es sich um eine Hinterlassenschaft ihres Schwagers handelte.

Wenn irgendetwas Margarets Gefühl noch verstärken konnte, dann die Gratulation dazu, dass ihr Mann das Richtige getan hat.

Lady Lyons war von Graces ungestümen Vertraulichkeiten ziemlich verwirrt – obwohl sie trotz all ihrer Fragen nicht genau herausfinden konnte, wie hoch das Vermögen war. Graces Ausdruck „haufenweise Geld" könnte alles Mögliche bedeuten.

Wie ermüdend war es, dass sie ihre Begleitung entschieden abgelehnt hatte! Wie dumm sie sich verhalten hatte – es war wirklich sehr provozierend, dass die Leute manchmal nicht nach vorne schauen und klarer sehen konnten, was hinter dem Schleier der Zukunft lag.

Gerade als sie über sich selbst äußerst provoziert war, kam Margaret zum ersten Mal seit ihren Schwierigkeiten zu ihr.

Sie sah in dem schlichten schwarzen Kleid, das sie trug, sehr schön und hübsch aus, und Lady Lyons, die gutherzig war, war berührt von den Zeichen der Trauer, die so deutlich in ihrem Gesicht zu lesen waren, und empfing sie mit einem vorübergehenden Vergessen ihrer eigenen Position als Frau ein Invalider.

Margaret wusste nichts von dem, was zwischen ihrer Schwester und Lady Lyons vorgefallen war, und sie war gekommen, weil sie wirklich darauf bedacht war, bald etwas zu arrangieren. Frau Dorriman drängte sie dazu, nach Norden zu eilen, um die Hitze des Sommers am Meer zu genießen, und sie konnte nicht gehen, bis ihre Schwester sicher bei jemandem untergebracht war, zu dem sie etwas Vertrauen hatte.

Bevor Lady Lyons ihre Ideen ordnen und ihre Wünsche bezüglich des Erbes äußern konnte, hatte Margaret sie direkt gefragt, ob sie die Leitung von Grace übernehmen würde.

Lady Lyons fühlte sich geschmeichelt und erfreut und redete einen oder zwei Augenblicke lang unzusammenhängend über das Kompliment.

„Ich glaube nicht, dass Sie es als großes Kompliment betrachten müssen“, sagte Margaret lächelnd, „es sei denn, Sie glauben, dass ich eine gute Meinung dazu habe. Es ist am besten, offen zu sein, Lady Lyons; meine Schwester ist nicht stark, sie ist nicht ebenbürtig.“ zu allem, was sie tun möchte, und ich werde viel glücklicher sein, sie in deiner Obhut zu lassen, als bei einem Fremden.

„Ich bin sicherlich kein Fremder, und ich habe Freunde, aber ich bin nicht sicher, ob sie Ihrer Schwester gefallen werden. Ich bin nicht modisch und kenne keine modischen Leute.“

„Ich glaube nicht, dass es Grace etwas ausmachen wird“, sagte Margaret unschuldig.

Lady Lyons sah sie eher neugierig an. „Sie und Ihre Schwester sind sich überhaupt nicht ähnlich, Mrs. Drayton; als sie mit mir sprach, machte sie mir deutlich klar, dass ich nicht gut genug sei und nichts anderes als Fossilien kenne. Ja, das war das richtige Wort, *Fossilien* !“ "

Der Tonfall war beleidigt – es war offensichtlich, dass sie Grace noch nicht vergeben hatte.

„Grace redet manchmal Unsinn, Lady Lyons; Sie können es sich leisten, über diese Dinge zu lachen. Ich wusste nicht, dass sie Sie bereits gebeten hatte, sie nach London zu bringen, sonst hätte ich Sie nicht belästigen sollen.“

„Oh! Sie hat mich nicht gefragt; wir haben uns gegenseitig einen Zäpfchenfall vorgelegt“, sagte Lady Lyons, die jetzt fürchtete, dass die Dinge immer noch nicht zu einem glücklichen Ende kommen könnten. „Ehrlich gesagt, liebe Frau Drayton, ich selbst würde gerne für eine Weile nach London gehen. Ich habe oft das Gefühl, dass einer dieser guten Londoner Ärzte mich nach einer Weile einweisen würde. Ich habe mir oft gewünscht, in ihrer Nähe zu sein. Nun, Wenn ich von hier aus zum Bahnhof und dann zu ihren Häusern und dann wieder zurück komme, bin ich ziemlich erschöpft, und dann sind da noch die Kosten.“

„Ja, da sind die Kosten.“ Margaret sprach ein wenig verträumt; Sie konnte sich des Gedankens nicht erwehren, dass Grace kaum das bekommen würde, was sie erwartet hatte, wenn Lady Lyons ihre Zeit damit verbringen würde, den Ärzten nachzujagen.

„Natürlich, Frau Drayton, Kosten sind für Sie, die Tausende wegwerfen, nichts wert“, sagte Lady Lyons in verletztem Tonfall.

„Soll ich Tausende wegwerfen?“ fragte Margaret, die nicht wusste, wie viel Gerüchte um ihr Vermögen gemacht hatten und was sie damit gemacht hatte. „Ich glaube nicht, aber ich habe mich vielleicht gefragt, ob die Aufgabe eines jungen Mädchens wie meiner Schwester nicht zu viel für dich ist.“

"Ach nein!" rief Lady Lyons, aus Angst, all ihre Visionen verblassen zu sehen. „Ich meinte nur, dass ich zuerst jemanden sehen und auf den richtigen Weg gebracht werden könnte."

„Grace wird überall hingehen wollen, zu allen Theaterstücken und Konzerten und zu allem, was erreichbar ist", sagte Margaret eindrucksvoll. „Sie dürfen die Position nicht mit geschlossenen Augen akzeptieren."

„Ich versichere Ihnen, liebe Mrs. Drayton, ich verstehe alles, ein junges Mädchen, und hatte noch nie Freude daran. Ich habe nur von Ärzten gesprochen, weil das, wissen Sie, einer der Vorzüge Londons ist – die man bekommen kann." , wie ein gelehrter Freund von mir einmal sagte, der beste Rat für Seele und Körper.

Dieses Gespräch beeindruckte Margaret nicht besonders positiv, aber die Zeit verging und sie hatte ihr Haus aufgegeben. Trotz all dem Unsinn und der Absurdität von Lady Lyons war sie eine gutherzige Frau, und niemand würde jemals einen wirklichen Einfluss auf Grace haben.

Diese junge Dame nahm das alles sehr gelassen. Sie hatte keine Einwände gegen Lady Lyons und zeigte auch keine Überraschung darüber, dass sie jetzt bereit war, das zu tun, wozu sie zuvor erklärt hatte, dass sie nicht bereit war; Doch sie war von der bevorstehenden Veränderung in ihrem Leben so völlig in Anspruch genommen, dass es Margaret verletzt war, als sie feststellte, wie wenig sie die Trennung von sich selbst zu spüren schien.

Die Schwestern trennten sich. Margaret warf ihren letzten Blick und sah Grace in dem berühmten braunen Samt, der an einem warmen Junitag besonders unpassend war. Sie wirkte zerbrechlich, aber strahlend, wie sie die Träger umherkommandierte und sich ganz wie eine junge Person von Bedeutung verhielt.

Mit einem Seufzer lehnte Margaret sich zurück; Diese eine enge Bindung brachte ihr nicht viel Befriedigung.

Als der Zug jedoch durch das reiche Land fuhr, wirkten sich die neuen Erwartungen, die Bewegung und der Ortswechsel auf ihre eigene Weise aus. Die sanfte Farbe kam in ihr Gesicht. Zum ersten Mal blickte sie nach vorne statt zurück.

An diesem Tag war alles angenehm für sie. Sie war allein, da Jean sich entschieden geweigert hatte, ihre Kutsche zu teilen, und sie hatte nichts, was sie störte. Noch nie hatte sie das Laub üppiger gesehen, dachte sie, und sie betrachtete die unzähligen Schlüsselblumen und Margeriten mit einem plötzlichen Verlangen, in ihrer Nähe zu sein. Sie hatte ein Buch bei sich, aber sie öffnete es nie. Sie hatte eine große Freude über einen überaus freundlichen Brief ihres Verlegers gehabt – mit einem deutlichen Beweis seiner Bewunderung für ihren Gedichtband und der Frage nach den Namen derjenigen, denen sie sie schicken wollte.

Margaret lächelte über diese Bitte. Sie hatte keinen Freund auf der Welt, dem sie von ihrem Schreiben erzählen wollte. Ja! einem Freund, Sir Albert Gerald, und ihm schickte sie ihr kleines Buch und schrieb. Er war so nett und er war sehr gut.

Sie wurde aus diesen Überlegungen gerissen, als Mr. Stevens den Wagen betrat. Einen Teil der Strecke hatte er in einem Raucherwagen verbracht, und jetzt kam er herein und brachte verschiedene Papiere mit, um sich die Langeweile der Reise zu vertreiben.

Sein Auftritt unterbrach ihre Träumerei. Sie hatte ihn liebgewonnen, obwohl sie manchmal dachte, wie viel besser sein Charakter wäre, wenn er den Verdacht nur stärker beiseite schieben könnte. Sein erster Impuls war, an allem und jedem zu zweifeln; und seine Vorsicht ging so weit, dass es nur wenige Freundschaften gab, die erst nach einer langen Probezeit zustande kamen.

Der Zug hielt in York und Margaret ging unter seiner Eskorte etwas Erfrischung holen.

Als sie zu ihrer Kutsche zurückkehrte, hörte sie überrascht ihren Namen aussprechen, und im nächsten Moment stand Sir Albert Gerald selbst neben ihr.

Sie freute sich ungemein, ihn zu sehen, und sie vertieften sich in ein lebhaftes Gespräch, wobei sie für einen Moment alles vergaßen, bis auf den Zufall, der sie wieder zusammengeführt hatte.

Margaret wurde zuerst von Mr. Stevens in die Gegenwart zurückgerufen, der sie daran erinnerte, dass der Zug ohne sie weiterfahren würde, wenn sie sich nicht beeilen würde. Selbst dann wandte sie sich natürlich an Sir Albert, und er eilte mit ihr; und zu Mr. Stevens' großer Unzufriedenheit stieg er ein und setzte sich ihr ruhig gegenüber.

Warum der ältere Mann daran Anstoß nahm, kann niemand sagen; Aber sein Verdacht war wachsam, und alles, was der junge Mann tat, schien ihm bedeutsam.

Margaret stellte sie natürlich einander vor und erklärte, was Mr. Stevens für völlig unnötig hielt, dass er nach Schottland reisen würde, um sich um sie zu kümmern. Aber die kurzen Worte schienen nur eine Unterbrechung des Gesprächsflusses zu sein. Zunächst versuchten beide, ihn ins Gespräch zu bringen, doch vergeblich. Er saß grimmig in einer Ecke, entschlossen, sich nicht von einem gutaussehenden jungen Kerl, von dem er nichts wusste, verführen zu lassen, und staunte über Margarets Farbenpracht und

Lebhaftigkeit. Einmal hörte er ein leises Lachen und blickte überrascht auf, dass er aus ihrer Unterhaltung nichts verstehen konnte. Jemand hatte einen Gedichtband geschrieben – aber was konnte man zu solchem Unsinn sagen? Jeder vernünftige Mann, der etwas zu sagen hatte, könnte es sicherlich in guter, ehrlicher Prosa sagen.

„Magst du Poesie?", fragte Sir Albert und drehte sich plötzlich freundlich zu ihm um.

„Nein, das tue ich nicht", antwortete Mr. Stevens mit völlig unnötiger Kürze. „Ich sehe nie einen Nutzen davon."

„Wenn uns hier nur nützliche Dinge gegeben würden", sagte Margaret sanft, „wäre unser Leben sehr langweilig."

„Ich habe keine Poesie in meinem Leben, und ich fühle mich nicht langweilig", antwortete er ihr sanfter.

„Bist du sicher, dass es in deinem Leben keine Poesie gibt?" fragte Sir Albert freundlich – er wollte unbedingt Freundschaft mit einem Mann schließen, den Margaret mochte und respektierte.

„Es ist schwer zu sagen, wo es in mein Leben kommt", sagte Mr. Stevens höflicher und schmolz ein wenig unter dem Einfluss einer so angenehmen Stimme und Art. „Ich bin Manager in einer Manufaktur, und Arbeit ist an der Tagesordnung. Bis wir aufhören und ich nach Hause gehe, atme ich nie die frische Luft ein und sehe die Sonne nicht scheinen."

„Aber sie grüßen Sie doch", sagte Sir Albert ernst; „Das Spiel des Sonnenscheins auf dem Fluss, das Plätschern des Baches, die endlosen Geschichten, die in jedem Blatt und jeder Blüte zu finden sind, der Gesang der Vögel, all diese süßen Gaben sind Gedichte der Natur, die uns gegeben wurden, um uns zu besseren, weiseren Menschen und glücklicher zu machen." auch solche", fügte er mit leiserer Stimme hinzu.

„So ausgedrückt", begann Herr Stevens; und dann, ein wenig beschämt darüber, so schnell von einem Mann beeinflusst zu werden, den er noch nie zuvor gesehen hatte, sagte er etwas schroffer: „Ich glaube, dass die Einbeziehung von Gefühlen den Untergang von allem bedeutet – was wollen wir damit? Wenn wir unsere nutzen." Ich denke, das ist alles, was von uns erwartet wird, wenn wir über unsere Fähigkeiten verfügen und unser Bestes geben. Ich denke, dass das Leben ein recht einfaches Problem ist, obwohl Philosophen versuchen, es anders zu verstehen das Falsche ist oft schwierig, das Falsche ist oft angenehm; wenn wir es wählen, ist es unsere eigene Schuld, und es führt uns ins Unglück."

„ *Wenn wir unsere Fähigkeiten nutzen* ", wiederholte Margaret mit ihrer sanften Stimme und einer gewissen Betonung der Worte. „Nutzen wir unsere

Fähigkeiten, Herr Stevens, wenn wir unsere Augen verschließen (die uns gegeben sind, sie zu nutzen) und nicht darauf achten, was schön und schön um uns herum ist?"

Herr Stevens war von dieser Frage ein wenig verblüfft. „Blumen und Berge zu betrachten und dem Gesang der Vögel zuzuhören, ist keine Poesie", sagte er hartnäckig.

„Aber wenn wir ein Gedicht lesen und es schätzen, wenn wir Musik hören, wenn wir ein schönes Gemälde sehen, kurz gesagt, wenn wir die Poesie in der Arbeit anderer Menschen sehen, dann hat das einen guten Einfluss auf unseren Geist." Sir Albert sprach ernst.

„Das sehe ich überhaupt nicht. Berufstätige haben keine Zeit für Poesie und schöne Dinge. Ihr Leben ist ganz anders."

„Sie irren sich in der Tat. Ein großer Teil des Elends und der Laster unter den ärmsten Menschen wird durch das Elend und das Fehlen jeglichen Charmes oder höheren Einflusses in ihrem Leben verursacht. Dies ist so allgemein anerkannt, dass viele Menschen Zeit und Geld dafür aufwenden, es zu versuchen." „Denken Sie, Herr Stevens", sagte Margaret ernst, „denken Sie nur daran, wie es für einen hart arbeitenden Mann sein muss, nach Hause in ein elendes, trostloses Zimmer ohne Papier an den Wänden zu gehen." , oder ein Atom von *zu Hause* – schauen Sie sich um, eine müde Frau und Kinder, weil ihre natürlichen Energien keinen Ausweg haben, wenn er nach Hause in ein gemütliches Zimmer mit fröhlichen Farben gehen könnte und es sauber vorfindet Anstatt nur Zugang zu den schmutzigen Straßen zu haben, könnten die Kinder auf den Plätzen und in den Gärten spielen, die jetzt so selbstsüchtig vor ihnen verschlossen sind, dass ihr Leben besser wäre, sie würden Mut fassen und die einzige Erleichterung, das Wirtshaus, nicht finden nachher."

„Und die Plätze und Gärten würden in sehr kurzer Zeit ein schöner Anblick sein", sagte Mr. Stevens, ein wenig bewegt von Margarets äußerster Ernsthaftigkeit und versuchte zu verbergen, dass es ihn berührte.

„Warum sollten sie das sein? Schauen Sie sich die Tempelgärten an, schauen Sie sich Orte an, die bereits für die Öffentlichkeit zugänglich sind! Ich würde alles dafür geben, dass all diese Orte für alle zugänglich gemacht werden."

„Und in Paris ist alles offen, und wer soll sagen, dass wir uns weniger brav verhalten als die Franzosen?" sagte Sir Albert und unterstützte sie.

„Zwei gegen einen ist kaum fair", sagte Mr. Stevens, während der letzte Rest seines Vorurteils von ihm fiel und er langsam merkte, dass etwas sehr Entzückendes in einem Mann steckte, der über etwas anderes als die Arbeit sprechen konnte.

Als Sir Albert nach einer weiteren Stunde aus dem Zug stieg, äußerte Herr Stevens ganz herzlich seine Hoffnung, dass sie sich bald wiedersehen würden.

Bevor sie sich trennten, versprach Sir Albert mit einem Blick auf Margaret, ihm einen Gedichtband zu schicken, der ihn bekehren würde.

„Ich werde ungefähr ein Jahr reisen", fuhr er fort und wandte sich an Margaret, „dann werde ich auch nach Schottland gehen."

Sie verstand, was er meinte. Er war sehr nett und sehr aufmerksam; aber *das* jetzt – das könnte niemals sein!

Als er gegangen war und der Zug wieder losgefahren war, war es für sie sehr amüsant, Herrn Stevens sagen zu hören:

„Es gibt viel, was man an diesem jungen Mann mögen kann. Kennen Sie ihn schon lange?"

Margaret antwortete und erzählte ihm die Geschichte seines schrecklichsten Unfalls.

„Und das alles geschah vor Ihrer Hochzeit? Äußerst außergewöhnlich!" er sagte.

Margaret ärgerte sich über sich selbst, weil sie spürte, wie sie rot wurde.

Als er ihre Farbe sah, sagte er mit größerem Nachdruck:

„Am außergewöhnlichsten!"

Sowohl sie als auch Jean waren müde genug, als sie Perth erreichten. Tatsächlich litt Margaret unter einer gewissen geistigen Erregung, die sie am Schlafen hinderte. Mit der Zärtlichkeit des Gewissens, die einer Morbidität gleichkam, beschuldigte sie sich selbst, vergessen zu haben, weil sie sich erlaubt hatte, glücklich zu sein.

"Ach!" Sie dachte: „Ist es möglich, dass ich dieselbe elende, gebrochene Frau bin, die sich vor ein paar Wochen nicht einmal um das Tageslicht gekümmert hat? Und jetzt hat ein Szenenwechsel, ein Treffen mit einem alten Freund, Mut durch meine Adern getrieben, und hat mir das Leben wieder süß erscheinen lassen.

Aber es hatte keinen Sinn, über verschwundene Gefühle zu jammern, und sie war zu ehrlich zu sich selbst, um sich gegenüber der Tatsache, anders zu sein, blind zu machen. Ihre Trauer um ihr Kind war so scharf und schmerzhaft, dass eine Mutter nicht vergessen kann. Aber das niederschmetternde Gefühl, etwas Unwürdiges getan zu haben, war von ihr verschwunden. Der Ton des sanften Respekts und des Mitgefühls, den Sir Albert ihr entgegenbrachte, hatte falsche Theorien beiseite geschoben. Sie sagte sich immer noch: „Ich habe gesündigt!" aber sie sagte nicht mehr: „Der Himmel kann vergeben, aber der Mensch kann es nie!" und der schärfste Stachel war verschwunden.

Jean war in einem Zustand wilder Aufregung, als sie sich den alten Lieblingsplätzen näherten. Ihr Kopf drehte sich schnell von einer Seite zur anderen, als sie die verschiedenen Orientierungspunkte erkannte.

„Äh!" Sie rief laut aus, sehr zur Belustigung der anderen Passagiere: „Da ist die alte Kirche und der Hügel dahinter, genau so, wie ich sie verlassen habe."

„Du hast doch nicht damit gerechnet, dass sie weglaufen würden, oder?" sagte ein älterer Mann und beobachtete sie aufmerksam.

„Ich weiß nicht, was ich erwartet habe", antwortete sie geistesabwesend, „aber sie sind da – und das bedeutet mir sehr viel."

Margaret hatte keine Assoziationen, blickte aber auch gespannt auf einen Ort, von dem sie so viel gehört hatte.

Die großen braunen Hügel schliefen im Sonnenschein, ihre wunderschönen Umrisse hoben sich scharf und deutlich von einem blassen Himmel ab, über dem ein paar goldene Wolken schwebten. Zwischen einigen Tannen sah sie endlich das Meer.

Aber es kam ihr so vor, als hätte sie es noch nie zuvor so sehr genossen. Die violetten Schatten, die darüber strichen, verliehen dem hellen Glanz der letzten Sonnenstrahlen eine außerordentliche Schönheit, und der Kamm jeder ruhelosen Welle schien eine sich bewegende Masse aus Gold zu sein. Als der Zug vorfuhr, waren ihre Augen noch immer von der Brillanz des Bildes geblendet.

Mrs. Dorriman, die zu Tränen neigte und fest entschlossen war, nicht nachzugeben, machte seltsame Gesichter, während sie diese verlorene Gestalt an ihr gütiges Herz drückte.

„Weine nicht, meine Liebe", sagte sie mit leiser Stimme, während sie Margarets ruhiges Gesicht beobachtete, jeden Augenblick damit rechnete, dass sie zusammenbrechen würde, und war völlig erstaunt über ihre Ruhe und Selbstbeherrschung.

Margaret war nicht geneigt zu weinen. Die Quelle ihrer Tränen lag viel zu tief. Sie hatte monatelang um ihr Kind geweint, und immer noch verspürte sie diesen schmerzhaften Krampf, wenn ihr etwas plötzlich vor Augen stand; aber Mrs. Dorriman hatte nichts damit zu tun. Sie erinnerte sie an ihre Kindheit, an Lornbay, an alles, was dort passiert war, und alle Gefühle, die sie empfand, wurden jetzt durch den beruhigenden Einfluss von Sir Albert Geralds Freundlichkeit und Mitgefühl gemildert.

„Es ist, als würde man nach Hause kommen", sagte sie zu Frau Dorriman.

„Mein armes Kind!"

„Es ist angenehm, sich so zu Hause zu fühlen. Ich scheine diesen gebogenen Tannenbaum und das Aussehen der Hügel zu kennen – und oh! wie perfekt die Luft hier ist!"

„Ja, es ist in Ordnung", sagte Frau Dorriman und schob ihre Gefühle und Tränen beiseite, als sie sah, dass Margaret beides nicht brauchte.

„Was für ein köstlicher Duft! Was ist das?" rief Margaret aus, als die berühmte Ponykutsche in Richtung Inchbrae rollte.

„Der Ginster in voller Blüte. Es gibt nichts Vergleichbares", antwortete die kleine Dame, voller Glück, jetzt jemanden an ihrer Seite zu haben, der all diese Dinge zu schätzen wusste. „Meine eigene Vorstellung ist, dass der Atem des Meeres und der Duft der Ginsterblüte und des Heidekrauts jeden gesund machen würden; und ich bin so froh, Liebes – so froh, dass du hier bist."

„Ich bin froh, hier zu sein", sagte Margaret nachdenklich; „Es ist wie ein wunderschönes Erwachen in einer anderen und gerechteren Welt nach einem bösen Traum."

„Und Margaret, Liebes, ich möchte dich unbedingt etwas fragen."

„Fragen Sie mich, was Sie wollen."

„Wir sind nicht gerade ‚verwandt', wie Jean sagen würde, aber würdest du mir einen Namen geben? Ich bin zu alt, um Anne genannt zu werden, aber willst du mich nicht anders nennen?"

„Das tue ich immer. Ich denke immer an dich, als wärst du meine eigene, meine ganz eigene Verwandte, und nenne dich tatsächlich ‚Tante'." Wird das reichen?" und Margaret beugte sich zu ihr und küsste sie.

"Oh!" sagte Frau Dorriman mit einem Seufzer, „Sie wissen nicht, wie süß es ist, jemanden zu haben, der Sie liebt. Ich habe mein ganzes Leben lang so wenig Zuneigung erfahren, und manchmal fühle ich mich dadurch ein wenig verlassen. Ich glaube, eine Schwester zu haben." muss so ein enormer Trost sein.

„Manchmal", sagte Margaret, „und manchmal eine große Angst; natürlich können nur wenige Bindungen mithalten", fügte sie hastig hinzu, aus Angst, selbst Mrs. Dorriman die tiefe und bittere Enttäuschung zu spüren, die Grace für sie bedeutete.

Sie kamen in Inchbrae an, und wenn Margaret es zuvor überhaupt bewundert hatte, konnte sie nicht umhin, von allem jetzt noch begeisterter zu sein. Kann irgendetwas in der Natur den Charme eines gepflegten Blumengartens mit seinen bunten Blumenbeeten und dem samtenen Rasen und einem Hintergrund aus Kiefern mit ihren roten Stämmen, die im Sonnenuntergang leuchten, und einer herrlichen Reihe von Felsen dahinter übertreffen? Während durch die zarten und anmutigen Birken ein Blick auf das Meer in all seiner wechselnden Schönheit und seinen launischen Stimmungen zu sehen ist, gibt es da etwas, das uns jenes Gefühl der Unendlichkeit vermittelt, das unsere Gedanken über alles hinaus erhebt?

Margarets Augen füllten sich plötzlich mit Tränen. Die Schönheit des Ganzen berührte und tröstete sie, und doch weinte sie fast. Sie schien plötzlich zu erkennen, dass ihr bisher etwas in ihrem Leben entgangen war, das ihr nun geschenkt wurde. Sie hob die Hand, als Mrs. Dorriman sprechen wollte, und fragte mit gesenktem Ton eines Menschen, der sich bewusst ist, dass er unaussprechlich bewegt und entzückt ist: Was war das für ein Geräusch in ihrer Nähe?

„Es klingt wie ein Fluss; es unterscheidet sich vom feierlichen Schlag des Meeres, das ich an den Felsen brechen höre.“

„Es ist der Fluss; das ist das Geräusch, das ich so sehr vermisst habe, als ich nach Renton ging“, antwortete Frau Dorriman, voller Freude über Margarets Mitgefühl.

„Es hat einen rauschenden, mächtigen Klang wie die Flügel eines unerbittlichen Schicksals“, sagte Margaret verträumt; „Ich war noch nie so nah an einem Fluss.“

„Mögen Sie es, so nah zu sein? Manche Leute glauben, es störe sie; das lautere Geräusch, das durch den ganzen Wasserfall dringt. Kommen Sie jetzt und trinken Sie etwas Tee, und wenn Sie ausgeruht sind, gehen wir am Flussufer entlang.“

„Alles ist so schön“, rief sie, als sie Mrs. Dorriman in das helle kleine Wohnzimmer folgte und die hübsche Frische von allem bemerkte.

Sie war begeistert von ihrem eigenen Zimmer, das auf das Meer hinausging.

„Wie muss es sich gefühlt haben, als du das alles verlassen hast!“ rief sie aus, als sie auf alles blickte.

„Ich habe es damals gespürt, aber du wurdest mir bald ein großer Trost und eine große Freude. Ich bin aus vielen Gründen froh, dass ich gegangen bin, aber ein Hauptgrund ist, dass ich dich dort kennengelernt habe.“

Margaret hatte in ihrer Erinnerung nur eine Vision vom Meer. Sie hatte die gewaltige Weite der Bucht und der Mündung des Clyde himmlisch gefunden, und sie blieb in ihrer Erinnerung, als sie es in der ersten Nacht mit Grace beobachtet hatte, und war so fasziniert von seiner sanften Schönheit, auf die das Mondlicht geworfen hatte so ein schöner und silberner Schleier.

Aber bei all den Assoziationen an diesen Ort und der lebhaften Erinnerung an Sir Albert Geralds Yacht, die wie ein Vogel, der bereit war, seine Flügel zu falten und auszuruhen, in den hellen Mondstreifen glitt, hatte sie das Gefühl, dass es keinen Vergleich geben konnte.

Kein Meer, das sich sanft kräuselt, weit weg von Turbulenzen und Streit, geschützt in den großen Armen einer Bucht, die es fast umgibt und dort lächelt, selbst wenn es jenseits des Schutzes wild und wütend ist, kann möglicherweise an Größe mit dem gleichen Meer mithalten, das gegen die Senkrechte kracht Felsen, die sich mit ungeheurer Kraft gegen eine eisenbewehrte Küste stürzen, als ob sie die Hindernisse vor ihr verachten würden; und Margaret, deren ganzes Herz zart und empfänglich für Eindrücke natürlicher Schönheit war, war von dieser neuen Szene, die sich ihr so plötzlich bot, außer sich.

Wie klein, wie wenig kamen ihr die früheren Vorstellungen von diesem Ort vor. Sie war zu sehr nachdenklich, um viel zu sagen, und ihr Schweigen gefiel Mrs. Dorriman, die, obwohl sie sich bemühte, jedes Wort, das sie sagte, von Themen fernzuhalten, die den Verlust der armen Margaret berühren könnten, durch die Mühe, die sie auf sich nahm, durch ihren plötzlichen Verlust verriet Pausen und das Zögern ihres Verhaltens ließen darauf schließen, dass auf ihrer Seite eine Emotion erwartet wurde, die sie nicht hervorrufen wollte.

Das würde nicht reichen.

Es gab einige Dinge in Margarets Leben, über die sie mit niemandem sprechen konnte. Der Wahnsinn ihres Mannes war sehr schrecklich gewesen, so schrecklich, dass sie ihn nie freiwillig im Gedächtnis behalten wollte, und sie erwähnte ihn nie.

Es war eine schreckliche und erdrückende Prüfung, aus der sie ans Licht gekommen war. Ihre Flügel waren bei dem Konflikt verbrannt und gebrochen worden, aber sie waren für immer nicht verletzt worden. Der Makel war nicht dauerhaft, und sie hatte alles durchgemacht, ohne es zu verstehen, außer dass sie glaubte, jeder Frau sei ein Instinkt als Hilfe gegeben. Sie hatte vorsätzlich einen Fehler gemacht und grausam gelitten.

Aber von ihrem Kind ... ja, von ihrem Kind wollte sie unbedingt sprechen! Der Mangel an Mitgefühl in Grace hatte alle rührenden Aufzeichnungen zurückgeschickt, die einer Mutter so am Herzen lagen, und sie wusste, dass Mrs. Dorriman ihr Mitgefühl zeigen würde.

„Es ist mir ein Kummer", sagte sie sanft, „dass Sie mein Kind nie gesehen haben. Ich möchte davon erzählen, wenn es Sie nicht beunruhigt, wenn ich davon erzähle."

„Oh, meine Liebe", sagte Frau Dorriman und ihre Stimme zitterte ein wenig. „Ist es klug für dich?"

„Das ist klug", antwortete Margaret. „Ich wünschte oft, ich hätte einen Freund in meiner Nähe, mit dem ich manchmal darüber sprechen könnte – es tut mir weh, das Gefühl zu haben, dass es vor mir nicht erwähnt werden darf, während ich es noch so nah bei mir spüre."

Mrs. Dorriman hatte ihre Angst, Margaret Schmerzen zuzufügen, im Zaum gehalten und konnte nur antworten, indem sie den Arm, an dem sie sich festhielt, fester umklammerte.

„Ja, zuerst war es für mich sehr schrecklich. Jetzt kommen mir manchmal noch die Tränen, aber ich fange an, es als ein Warten auf mich zu betrachten, nicht als hier liegen und mich kinderlos und allein zurücklassen. Es war sehr schön, Tante, und hatte gewinnende Wege ..." Sie hielt einen Moment inne und fuhr mit der gedämpften Stimme fort, die ihr charakteristisch war. „Zuerst war ich so egoistisch und habe für den Tod gebetet, ich, der ich noch viel zu tun habe."

„Haben Sie in letzter Zeit viele Krankheiten gesehen?"

„Ich habe viele schreckliche Dinge gesehen", antwortete sie ernst. „Ich habe Probleme und Prüfungen gesehen, die meine eigenen in den Schatten stellen; ich versuche zu helfen; es ist ein großer Segen, helfen zu können. Wenn ich die kleine verblasste Wange eines anderen Kindes streichle, denke ich immer noch an meine, denn ich bin immer noch egoistisch in meinem." Trauer; aber die Freude, ein Kind genesen zu sehen, tötet den Egoismus, und ich fange an, Dinge mehr um Gottes willen und um ihretwillen zu tun, als um des süßen kleinen Gesichts willen, das mir immer gegenwärtig ist. Ich bin glücklicher, seit ich gelernt habe, andere glücklich zu machen !"

Sie hielt inne, faltete die Hände und blickte Mrs. Dorriman mit ihren klaren Augen und den süßen, gefalteten Lippen, die zugleich ernst und zärtlich waren, wie eine schöne Heilige an.

„Hier gibt es Armut, Krankheit und oft auch Kummer", sagte Frau Dorriman; „Aber irgendwie scheint die Armut in dieser Umgebung nicht so schlimm zu sein."

„Hier gibt es Wasserquellen, frische Luft und *das* ", sagte Margaret und zeigte auf den Fluss; „Aber in London wird das Wasser selbst für die Ärmsten besteuert, und schon das Anzünden ihrer Feuer ist eine Schwierigkeit. Hier haben die Leute jedenfalls Anzündholz", fügte sie hinzu und zeigte auf eine Frau in der Ferne, die ein Feuer trug Bündel Stechginster,

„Und Torf zum Abbau; und doch besteht der Ehrgeiz vieler darin, das Land zu verlassen und in die Städte zu strömen."

„Der Klang höherer Löhne ist verlockend, aber ich hoffe, eines Tages noch zu erleben, dass der Mittelsmann abgeschafft wird."

„Der Mittelsmann!" rief Frau Dorriman aus; "Ich verstehe dich nicht, mein Lieber."

„Ich meine diejenigen, die dem Fabrikanten so wenig bezahlen, dass er den Lohn oft nicht erhöhen oder nicht tun kann, was er tun möchte, und die auch von den Reichen profitieren; und die Arbeiterklasse, an die ich denke, versteht die Frage nicht, und nicht." Sie geben den Reichen die Schuld, aber sie zahlen oft hundertprozentig, wenn der Arbeiter auf beiden Seiten reich wird und Geld ausgibt Ihr Geld für Essen und Trinken hilft weder der Kunst noch der Wissenschaft, und sie sind empört, wenn sie um wohltätige Hilfe gebeten werden. Sie wissen nicht, wie schlimm das ist! und Margarets Wange errötete bei ihrer ernsten, fast leidenschaftlichen Rede.

„Ich habe noch nie darüber nachgedacht", sagte Frau Dorriman, „und jetzt verstehe ich es nicht ganz. Ladenbesitzer müssen hohe Mieten, Tarife und so weiter zahlen."

„Oh, ich meine nicht die bessere Klasse der Ladenbesitzer", sagte Margaret, „und ich spreche von kleinen Läden, die ich in London kenne, wo Kohlen in Pfund und Tee in Unzen verkauft werden, und von den Orten, wo Hemden hergestellt werden, Im wahrsten Sinne des Wortes *gemacht*, für zwei Pence. Es ist dieses Elend, das angegangen werden sollte, diese Dinge sollten unmöglich gemacht werden!"

„Warum ist das nicht möglich?" sagte Frau Dorriman.

„Weil unser Land ein so freies Land ist, dass eine Einmischung oft nicht möglich ist. Oh, es gibt so viel zu ändern, dass es keinen Sinn macht, darüber nachzudenken", und die beiden gingen zum Flussufer und nach Hause.

KAPITEL VI.

Grace war viel zu aufgeregt, um den Abschied von Margaret deutlich zu spüren; Tatsächlich empfand sie die Ernsthaftigkeit ihrer jungen Schwester, auch wenn sie natürlich nicht zur Rechenschaft gezogen werden musste, insgesamt eine Belastung für ihre Kräfte.

Wie andere Mädchen mit ihrer besonders gedankenlosen Natur hasste sie es, an etwas denken zu müssen, das nicht das war, was sie für fröhlich hielt; und sie hatte nicht die Kraft, sich in die Sorgen von irgendjemandem zu stürzen, nicht einmal von einer Schwester, deren einziger Fehler darin bestand, dass sie zugelassen hatte, dass ihre klaren Instinkte durch ihre leidenschaftliche Liebe zu Grace und ihren Wunsch, dies zu tun, verdunkelt und verdunkelt wurden Geben Sie, wovon sie in diesem Moment glaubte, dass ihr Leben davon abhängt.

Da sie es gewohnt war, in Betracht gezogen zu werden, war es für sie neu, dass sie ihren Platz zweimal ändern musste, um sich Lady Lyons anzupassen, die zu den Frauen gehörte, die sich vorstellen, dass alles, was gerade passiert, einem anderen gehört, vom Ehemann bis zu einer Ecke in einem Eisenbahnwaggon, müssen allem überlegen sein, was sie selbst haben.

Grace war gut gelaunt und wechselte fröhlich ihren Platz, obwohl sie den Unterschied spürte. Margaret hätte jedes Unbehagen lieber ertragen, als sie zu stören. Aber der Gedanke, dass sie in London zur Welt kommen und zu der ausgelassenen Menge gehören würde, war für sie zu bezaubernd, um sie nicht vor Überraschungen zu schützen – sie war so entschlossen, glücklich zu sein.

Sie war über alle Maßen überrascht, dass Margarets Heirat sie zur Siegerin des Rennens gemacht hatte; aber es war zufriedenstellend, dass sie Geld hatte und Margaret es nicht wollte, und Margaret würde diesen schrecklichen Mann bald vergessen, der jedoch nicht ganz schrecklich war, da er dies getan hatte.

„Bitte kümmern Sie sich um Ihr Gepäck, Miss Rivers", sagte Lady Lyons sehr träge, als sie am Bahnhof ankamen.

„Das kann Ihr Dienstmädchen doch sicher", sagte Grace mit einer kleinen Kopfbewegung.

„Wie kann sie Ihr Gepäck kennen, wenn sie es noch nie gesehen hat?" fragte Lady Lyons ärgerlich, aber nicht ohne Grund.

„Dienstmädchen sollten Instinkte haben", sagte Grace, als sie über den Bahnsteig segelte, um auf ihre Kartons zu zeigen.

Nachdem diese Schwierigkeit überwunden war, stiegen sie in ein Taxi, das Dienstmädchen folgte einem anderen. Aber da Lady Lyons immer Angst vor der Kälte hatte, nahm sie ein Bärenfell, eine Rolle Teppiche und eine Flasche Lavendelwasser mit. Sie gab dem Mann unnötig detaillierte Anweisungen und öffnete ihr Fenster. Es waren die letzten Tage eines heißen Junis.

Grace ließ ihr Fenster mit einem Knall herunter, der es fast in Stücke zersplitterte.

„Meine *liebe* Miss Rivers, bitte machen Sie das Fenster auf. Ich habe einen so schwachen Kreislauf, und meine Ärzte raten mir, vor Zugluft vorsichtig zu sein."

„Es kann wirklich keinen Luftzug geben, wenn ein Fenster hermetisch geschlossen ist", sagte Grace sehr kühl; „Seien Sie auf Ihrer Seite des Wagens so stickig, wie Sie möchten, aber ich muss frische Luft haben."

Lady Lyons war ein wenig entmutigt und sagte nichts. Einen oder zwei Augenblicke später begann sie zu husten, ein kurzer Hustenreiz, den sie eigens für diesen Anlass improvisiert hatte. Grace nahm keine Notiz davon.

„Wenn ich sehr krank bin, müssen Sie Mr. Jones nach Wandsworth schicken", sagte sie schließlich.

„Warum sollten Sie krank sein? Frische Luft ist das, was Sie wollen, Lady Lyons. Sie husten absichtlich."

„Meine *liebe* Miss Rivers."

„Warte, bis du mich husten hörst. Dann erkennst du einen echten Husten, wenn du einen hörst", sagte Grace lachend und öffnete ein kleines Stück Fenster. Sie wollte nicht mit Lady Lyons streiten, hatte aber von Anfang an vor, ihre Unabhängigkeit zu behaupten.

Sie gingen zu einem Privathotel, wo Grace sich erneut einmischte. Sie wollte nur die besten Zimmer haben, und all die kleinen Arrangements, die die arme Lady Lyons in sparsamer Form vorgeschlagen hatte, wurden rücksichtslos beiseite gewischt.

„Ich bin nicht hierher gekommen, um zu sparen", sagte Grace mit großer Miene, als sie die Zimmer in der Brook Street bezogen.

In den ersten Tagen war Grace zufrieden, und zwar mehr als zufrieden. Ihr war es egal, gesehen zu werden, bis sie, wie sie es nannte, richtig gekleidet war, und sie wusste mit Sicherheit, was sie wollte, und sie bekam es, wie es die Leute normalerweise tun, wenn sie über Geld verfügen.

Dann kam die große Frage der Gesellschaft, und die arme Lady Lyons war völlig ratlos.

„Bestimmt kennen Sie ein paar Leute, Lady Lyons; jemanden, der einen Anfang macht?“

Lady Lyons dachte nach.

„Ich war schon so lange draußen“, murmelte sie; „Ja, da ist eine sehr nette Freundin. Ich frage mich, ob sie in London ist?“

„Lass es uns herausfinden“, sagte Grace, klingelte nach dem Buch und blätterte die Blätter schnell um. "Was ist ihr Name?"

„Ich – ich glaube, es beginnt mit einem P“, sagte Lady Lyons; „Aber, mein Lieber, es ist so dumm von mir. Ich kann mich in diesem Moment nicht an ihren Namen erinnern.“

„Ihr freundlicher Freund und Sie haben in letzter Zeit offenbar nicht miteinander korrespondiert“, sagte Grace lachend.

„Meine liebe Miss Rivers!“

„Jetzt habe ich die Ps“, sagte Grace, „und ich werde die Liste durchgehen.“

„Penshurst!“ rief Lady Lyons. „Ja, Penshurst ist der Name.“

„Es sind siebzehn“, sagte Grace in verschärftem Tonfall, „und sie leben überall in London. Was *ist* Mr. Penshurst?“

"Ich weiß es nicht."

"Ha!" sagte Grace plötzlich, „das ist lustig. Hier ist ein Name, Penryn. Ich kannte eines der Mädchen ein wenig, die Tochter von Sir Jacob Penryn, und hier ist seine Adresse. Ich frage mich, ob sie sich an mich erinnern würde?“

„War sie mit dir in der Schule?“ fragte Lady Lyons mit offensichtlicher Erleichterung.

„Oh, mein Gott, nein. Ihr Vater hatte ein Haus in der Nachbarschaft und wir gingen manchmal dorthin, meine Schwester und ich, weil unser Vater einem seiner verstorbenen Sohn gegenüber eine gewisse Freundlichkeit gezeigt hatte.“

„Aber, meine Liebe, das ist in der Tat eine sehr gute Sache. Schreiben Sie sofort und sagen Sie, dass Sie zu einem Vermögen gekommen sind und hier sind. Ein Anfang! Warum er Abgeordneter ist und sein eigenes Haus in London hat.“

„Nein, ich werde nicht schreiben“, sagte Grace entschieden, „und mein Vermögen ist kaum der Rede wert, aber ich werde anrufen, und wenn sie die Bekanntschaft erneuern möchten, können sie es zurückgeben.“

Damit musste Lady Lyons zufrieden sein – sie war sogar mehr als zufrieden, denn die Schwierigkeit schien ihr völlig überwunden zu sein. Sie fasste sich jetzt ein Herz und machte sich auf eigene Faust auf den Weg, um einen Arzt aufzusuchen, und bezahlte einen guten Preis, um sich zu vergewissern, dass mit ihr nichts Ernsthaftes in der Sache sei.

Das war kaum das, was sie erwartet oder erwartet hatte – sie war sich überhaupt nicht sicher, ob sie zufrieden war.

In der Zwischenzeit hinterließ Grace ihre Karte und schrieb oben: „Für kurze Zeit in London mit Lady Lyons.“

Ein paar Tage später rief Miss Penryn an, ein sehr hübsches Mädchen, äußerst schlicht gekleidet. Sie entschuldigte sich für ihre Mutter und brachte ihre Karte und eine Einladung von Lady Penryn zu einem Treffen mit, das in dieser Woche in ihrem Haus stattfinden sollte.

Als sie gegangen war, betrachtete Grace ihre aufwändige weiße Toilette und fand, dass ihre Spitzenrüschen zu zahlreich waren.

„Es ist übertrieben“, sagte sie unzufrieden zu Lady Lyons.

„Es ist sehr süß“, sagte Lady Lyons, die nicht an das Kleid ihrer „jungen Freundin“ dachte, sondern in Gedanken die Vor- und Nachteile im Zusammenhang mit Lady Penryns Treffen abwog.

Sie wollte Bekanntschaft machen; Andererseits hatte sie furchtbare Angst davor, dass ihr Geld aus der Tasche gezogen werden könnte, und sie war eine von vielen, die kleine Zahlungen an anerkannte Wohltätigkeitsorganisationen leisten und spontane Aktionen nicht mögen.

Grace klärte den Punkt für sie und sagte mit ihrer üblichen Lässigkeit:

„Sie werden zum ersten Mal als meine Anstandsdame auftreten, Lady Lyons.“

Danach konnte sie keine Einwände mehr erheben, erkundigte sich aber immer wieder nach Lady Penryn.

„Wie ist sie, meine Liebe? Ist sie nett?“

„Ich würde sagen, dieses Wort beschreibt sie genau. Ich erinnere mich an sie, dass sie viel zu nett ist; um ehrlich zu sein, sagte sie immer: ‚Liebes Ding!‘ und hat uns so schnell wie möglich losgeworden.

„Vielleicht mochte sie keine Kinder“, bemerkte Lady Lyons klar.

„Möglicherweise“, aber Grace glaubte nicht, dass sie erwachsene Menschen viel lieber mochte. Sie und Margaret hatten Lady Penryns Vernachlässigung und Sir Jacobs Herzlichkeit immer ungünstig gegenübergestellt.

„Dankbarkeit für ihren Sohn", begann Lady Lyons, „der muss jedenfalls da gewesen sein."

„Oh! Der arme Mann, von dem der Vater so gut wusste, war nicht ihr Sohn. Sie hat keinen Sohn. Es waren zwei oder drei von einer ersten Frau; dieses Mädchen ist nicht ihre Tochter."

Als Grace und Lady Lyons in der Cromwell Road ankamen, fanden sie den ganzen Ort voller Menschen, größtenteils älterer Menschen; ein paar Mädchen, und die Männer konnte man an den Fingern abzählen. Ihnen wurden Papiere ausgehändigt, und Grace stellte mit großer Belustigung fest, dass die Versammlung wegen des Frauenwahlrechts einberufen worden war.

Lady Penryn in einem reichen purpurnen Samt empfing Lady Lyons und Grace sehr herzlich, riet ihnen, rechts zu sitzen, sagte, sie würden viele Freunde finden, und kehrte ihnen den Rücken, um jemand anderen zu empfangen.

Miss Penryn war nicht da, oder falls dort, konnte Grace sie nicht sehen.

Über zwei Stunden lang saßen sie in einem Raum, in dem es trotz offener Fenster stickig war, auf sehr kleinen Korbstühlen und hörten Reden von mehr oder weniger gefeierten Männern und Frauen über ein Thema, für das sie sich beide nicht im Geringsten interessierten .

Keine Frage des Tages interessierte Grace jemals. Lady Lyons hat die Frage nie verstanden, und die Ungerechtigkeit von Frauen, die große Kontrolle über Geld haben und in vielerlei Hinsicht einen großen Beitrag zu den Einnahmen leisten, aber dennoch kein Stimmrecht abgeben können, bereitete ihr keinen Kummer. Sie wusste, dass einige Frauen das Thema lächerlich gemacht hatten; Sie fürchtete sich vor Spott und machte sich nicht die Mühe, die Frage von den Absurditäten zu befreien, die um sie herum aufgeworfen wurden, und sie nach ihren eigenen Vorzügen zu beurteilen.

„Es gefällt mir überhaupt nicht, hier zu sein", flüsterte Lady Lyons; „Ich habe solche Angst davor, für eine willensstarke Frau gehalten zu werden."

„Beten Sie, haben Sie keine Angst davor", sagte Grace satirisch; „Das ist das Allerletzte, was dir dein schlimmster Feind vorwerfen würde."

Das Treffen zog sich in die Länge und die Hitze wurde ziemlich erdrückend. Plötzlich stieß Grace einen kleinen Schrei aus, warf sich zurück und schloss die Augen.

„Eine ohnmächtige Dame! Luft! Wasser! Salze! Flüchtige Substanz!" riefen Dutzende Stimmen gleichzeitig.

Grace, immer noch mit geschlossenen Augen, wurde aus dem Raum getragen, wo Lady Lyons gerne bei ihr blieb, in ein kleines Hinterzimmer, das Lady Penryns Schriften gewidmet war.

Als sich die Versammlung auflöste, kam sie herein, um zu sehen, wie es Grace ging, und war überwältigend in ihrer liebevollen Aufmerksamkeit.

„Armes liebes Ding“, sagte sie.

„Die Hitze war sehr groß“, sagte Lady Lyons entschuldigend.

„Nicht in meinen Räumen“, sagte Lady Penryn sehr entschieden. „Die Belüftung ist bewundernswert gelungen – eine private Vereinbarung von mir.“

Lady Lyons war zu beeindruckt, um ihr zu widersprechen.

„Armes liebes Ding! Wie fühlst du dich jetzt?“ sagte Lady Lyons und wandte sich wieder an Grace.

„Mir geht es besser, Lady Lyons, und wir werden nach Hause gehen“, sagte Grace. „Und Lady Penryn, ich muss mich dafür entschuldigen, dass ich Sie alle gestört habe. Was für komische Dinge alle gesagt haben. Glauben *Sie* wirklich an alles, was heute gesagt wurde?“

Lady Penryn hustete leise.

„Meine Liebe, das Ziel eines Treffens ist es, das Thema zu besprechen.“

„Oh! Ich verstehe. Na dann macht es Ihnen nichts aus, wenn ich sage, dass mir das alles sehr absurd vorkam!“

„Die Frage an sich ist nicht absurd; sie sollte die wohlhabende Klasse interessieren; und sie ist von allgemeinem Interesse.“

„Dann sollte es mich interessieren, da ich zu der wohlhabenden Klasse gehöre“, lachte Grace; „Wenigstens habe ich ein Einkommen ganz für mich allein.“

Es amüsierte sie, als Lady Penryn sie mit doppeltem Interesse ansah, als sie diese Aussage machte.

„Lass uns darauf vertrauen, liebes Kind, dass du deinen Reichtum weise nutzen wirst. Willst du jetzt nicht etwas Tee oder Wein trinken?“ sie fuhr fort und wurde gastfreundlich.

Lady Lyons nahm an und sie gingen die Treppe hinunter, bevor sie gingen. Lady Penryn kam mit viel Anmut auf Grace zu und küsste sie auf beide Wangen.

„Um der alten Zeiten willen“, sagte sie klagend.

„Sie ist ein süßes junges Ding", fuhr sie fort, „und hat das Versprechen ihrer Jugend erfüllt." und Grace bemerkte, dass sie darauf achtete, keinen der in der Nähe stehenden Männer vorzustellen.

„Wir werden uns bald wiedersehen, darauf *vertraue ich* ", sagte sie mit erbärmlicher Stimme.

„Das hängt von dir ab", sagte Grace leise. „Wenn Sie unseren Besuch erwidern, werden wir hoffentlich zu Hause sein."

„Ah! Bis dahin, auf Wiedersehen. Süßes Ding – auf Wiedersehen."

„Süßes Ding! – auf Wiedersehen", ahmte Grace nach, als sie in den Brougham stiegen.

„Oh mein Lieber, still! – jemand könnte dich hören."

„Ja, der Kutscher. Ich denke, wir sollten besser Ihrer Mrs. Penshurst nachgehen."

„Wenn ich mich nur an irgendetwas über ihren Mann erinnern könnte – aber das tue ich nicht. Ich lag letzte Nacht eine halbe Stunde wach und kann mich nicht an seinen Vornamen erinnern. Es mag Charles sein, aber ich glaube, es ist John – nein, es könnte James sein", und Lady Lyons blickte ausdruckslos vor sich hin.

Grace warf sich mit ziemlicher Gereiztheit zurück in den Brougham. Sie waren drei Wochen in London und hatten keine einzige Bekanntschaft gemacht.

Als die Kutsche in die Brook Street einbog, erblickte Grace plötzlich Sir Albert Gerald. Sie zog die Kontrollschnur und rief ihn beim Namen.

Sehr überrascht drehte er sich um und kam auf sie zu. Sie stand Margaret so nahe, dass es eine Freude war, sie kennenzulernen.

„Kommen Sie und besuchen Sie mich", sagte Grace, „kommen Sie zum Tee. Hier ist Lady Lyons. Ich möchte besonders Sie sehen – können Sie morgen kommen?"

„Wenn Sie mich früher sehen könnten – aber ich verlasse die Stadt morgen Nachmittag für ein paar Tage."

„Ich sehe dich jederzeit. Um elf Uhr morgens werde ich bekleidet und bei klarem Verstand in dem stickigen kleinen Wohnzimmer sein, das wir unser eigenes nennen."

„Bis dahin, auf Wiedersehen", sagte er, trat zurück und lüftete seinen Hut.

„Dieses arme Mädchen sieht furchtbar krank aus", dachte er, „als hätte sie nicht mehr lange zu leben." und er ging von diesem Gedanken aus und dachte an Margaret. Was für ein merkwürdiger Unterschied zwischen den beiden Schwestern bestand – die eine so ruhig und süß und so nachdenklich, die andere so ruhelos und so leichtfertig.

Er hielt jedoch sein Wort und fand Grace in bester Laune, mit einem riesigen Adelsstand und der Morning Post vor sich.

Es war offensichtlich, dass auf ihrer Zunge eine Bitte zitterte und dass sie sich danach sehnte, dass die ersten konventionellen Phrasen zu Ende wären; Die Anfragen nach Margaret wurden so gleichgültig beantwortet, und Grace hielt die ganze Zeit über mit einem Finger ihrer linken Hand einen Platz im Adelsstand offen.

„Nun, Sir Albert, ich möchte, dass Sie etwas für mich tun", sagte sie mit mehr Ernsthaftigkeit, als sie bisher gezeigt hatte.

„Wenn ich kann", sagte er ernst.

„Ja, das kannst du, wenn du willst."

„ *Après?* ", fragte er.

„Die Herzogin von Mallington wird ein großes „Zuhause"-Fest geben. Sie ist deine Tante. Könntest du nicht auch eine Karte für Lady Lyons und für mich besorgen?"

„Ich glaube, ich könnte", sagte er; „Sie ist eine sehr liebe alte Dame und ich könnte sie fragen. Sie kann sich weigern, aber ich glaube nicht, dass sie es tun wird."

„Sir Albert, entschuldigen Sie die Stärke meiner Sprache, aber Sie sind ein Schatz!" rief Grace aus, lachte und errötete ein wenig. „Sie wissen nicht, wie sehr ich mich danach sehne, nur zu einem einzigen Swell-Ball zu gehen, um alles zu sehen. Es ist so trostlos, sich an diesem großen Ort zu bewegen und keine einzige Menschenseele zu kennen."

„Ich bin sicher, dass es so sein muss", sagte Sir Albert mitfühlend; „Es ist ganz natürlich, dass Sie den Wunsch haben, alles selbst zu sehen. Ich fürchte, es wird Ihnen nicht gefallen, aber ich denke, ich kann Ihnen die Einladung besorgen."

„Ich werde es sicher genießen", und Grace klatschte vor Freude in die Hände. „Gefällt es dir nicht?"

„Jetzt nicht mehr viel", sagte er; „Bestimmte Menschen mag ich sehr, und ich finde jeden sehr nett. Ich treffe gerne nette Menschen in Maßen, aber ich stehe nicht auf viel Fröhlichkeit."

"Denk nur!" sagte Grace; „Ich war noch nie in meinem Leben auf einem guten, großen Ball, noch nie!"

„Die Neuheit wird Sie sicherlich amüsieren; das Einzige ist, dass es sehr langweilig ist, wenn man nicht viele Leute kennt, zuzusehen und andere tanzen und reden zu sehen. Wenn ich da bin, kann ich mich um Sie kümmern und Ihnen einige Männer vorstellen." jedenfalls."

„Du bist auf jeden Fall eine äußerst entzückende Freundin", sagte Grace begeistert, „und ich weiß wirklich nicht, wie ich dir genug danken soll!"

„Es ist mir eine große Freude, alles für Sie zu tun, Miss Rivers. Ich denke, Sie wissen warum!"

„Oh ja, das tue ich tatsächlich. Es ist für Margaret."

„Hat sie dir erzählt, dass ich sie zufällig getroffen habe? Ich bin in ihren Eisenbahnwaggon gestiegen, ohne zu wissen, dass sie dort war."

„Sie hat es mir nie erzählt", sagte Grace; „Mr. Stevens begleitete sie, bis alle Änderungen, Kreuzungen und Dinge erledigt waren."

„Wer ist Herr Stevens?"

„Er war Mr. Draytons Manager und in seine Angelegenheiten verwickelt. Ich dachte, Sie hätten ihn vielleicht in Wandsworth gesehen. Er kam zu dieser schrecklichen Zeit zur Rettung."

„Ich habe damals niemanden außer *ihr gesehen* ", sagte er mit leiserer Stimme. „Miss Rivers, glauben Sie, dass sie all diese schreckliche Angelegenheit vergessen wird?"

„Ich denke, dass sie das tun wird: Zumindest sind ihre Briefe viel weniger herzzerreißend als sie es waren. Ich glaube, dass sie ihren Kummer in Wandsworth lieber genährt hat. Dann fing sie an, kranke Kinder zu besuchen und ihr ganzes Geld zu verschenken, und sie fing an um besser zu werden.

„Sie hat ihr ganzes Geld verschenkt?"

„Jeden Penny hinterließ er ihr. Ja, sie wollte nicht einmal hundert Pfund im Jahr behalten, noch hundert Pence. Sie konnte es nicht ertragen, sein Geld anzufassen."

"Ich bin so froh!" sagte er inbrünstig.

"Wirklich?" Sagte Grace in einem neugierigen Ton.

Sir Albert errötete und sagte:

„Es ist angenehm, wenn eine Figur, die wir bewundern, beständig ist."

„Margaret ist sehr konsequent."

„Sie ist alles, was eine hochgesinnte Frau sein sollte", antwortete er ernst; „Ich bin mir ziemlich sicher, dass wir uns in unseren Vorstellungen von ihr einig sind."

„Vielleicht tun wir das; aber Sie drücken es besser aus als ich: Und meine Schwester ist zu gut für *mich* . Ich bewundere sie, aber sie steht so weit über mir, dass zwischen uns nicht die volle Sympathie herrscht."

„Aber es könnte sein", sagte er mit seiner ruhigen Stimme; „Mit jemandem zusammenzuleben, der ein hohes Ziel hat, muss einem helfen."

„Es hilft mir nicht", sagte Grace scharf, aber mit einem schmerzlichen Unterton in ihrer Stimme; Sie schüttelte jedes Gefühl ab, das sie belastete, und fügte lachend hinzu: „Es schmerzt mich im Nacken."

Sie verwirrte ihn. Es tat ihm weh, sie so zart und an nichts anderes als Vergnügen denkend zu sehen, aber er konnte es nicht beurteilen; und durch den leichtfertigen Ton brach so viel echtes Gefühl hervor, dass er wusste, dass sie viel leichter sprach, als sie sich fühlte. Sie war Margarets Schwester und er würde sein Möglichstes tun, um sie zu unterhalten. Anstatt London zu verlassen, wie er es vorgehabt hatte, würde er bleiben und zu diesem und anderen Bällen gehen und sein Möglichstes tun, damit sie es genießen konnte.

Die Karte der Herzogin und die Einladung wurden Lady Lyons übergeben; und ihre erste Idee war, dass es ein Fehler war. Grace mischte sich ein.

„Es ist in Ordnung, Lady Lyons; natürlich könnte die Herzogin mich nicht ohne Sie fragen, und ich kenne einige aus ihrer Familie."

Lady Lyons war tief beeindruckt.

„Meine Liebe! Ich war noch nie mit einer Herzogin im selben Zimmer; es ist sehr entzückend."

„Ich glaube nicht, dass sie sich von anderen Menschen unterscheidet", sagte Grace gleichgültig.

„Ich hoffe, es handelt sich nicht um ein neues Kleid – ich kann es mir wirklich nicht leisten", und Lady Lyons sah wirklich besorgt aus.

„Während ich dich zur Party schleppe, werde ich das Kleid finden", sagte Grace lachend; "überlass es mir."

Diese Karte war nicht die einzige, die an diesem und den folgenden Tagen kam, und Grace war ganz entzückt, obwohl sie behauptete, auf diese und alles andere, was ihr widerfahren könnte, vorbereitet zu sein.

Lady Lyons war nicht ganz glücklich. Sie war von Natur aus träge und schnell müde. Frauen, die die Gewohnheiten einer Invalide annehmen, werden in

Wirklichkeit bald zu Invaliden. Sie liebte es, um neun Uhr ins Bett zu gehen und sich in den Schlaf vorlesen zu lassen; Tatsächlich hatte sie mit der vagen Ahnung, dass Grace sich für sie nützlich machen wollte, etwas über die Lektüre und die Besonderheiten der Aussprache ihrer Zofe gesagt, aber Grace war zu klug, um zunächst etwas zu tun, das sie belasten könnte Zukunft, und sie lachte über den Gedanken, ihn zu verachten – „Außerdem", fügte sie hinzu, und zwar wahrheitsgemäß, „wäre die Anstrengung bei meiner zarten Brust sehr schlecht für mich."

Aber da Lady Lyons es liebte, früh zu Bett zu gehen, war die Aussicht, für eine unbestimmte Anzahl von Stunden nicht schlafen zu können, nicht gerade amüsant; Dennoch stützte sie der Gedanke, so viele Menschen zu sehen, die sie nur aus den Zeitungen kannte.

Sie seufzte jedoch unter vier Augen; Grace dachte halb darüber nach, sie zu überreden, am frühen Nachmittag zu Bett zu gehen, war aber fest davon überzeugt, dass sie, wenn sie es täte, höchstwahrscheinlich nicht wieder aufstehen würde; aber sie brachte sie dazu, starken Kaffee zu trinken, und das und der Anblick ihres neuen Kleides hielten sie angenehm wach.

Grace erschien strahlend, ihre Unerfahrenheit machte sie pünktlich. Sie trug ein sehr einfaches weißes Kleid und sah gut aus.

Als sie ankamen, waren sie fast die ersten, und die ersten Fremden fragten.

Lady Lyons sah sich nach der großen Dame um und konnte sie nicht sehen. In diesem Moment streckte eine freundliche kleine alte Dame ihre Hand aus – forderte den schwarz-weißen Herrn, der sich vor ihr in zwei Hälften krümmte, auf, die Namen zu wiederholen, und das Ergebnis war „Lady Lyons" und „Miss Withers", was ihrer Gnade in die tauben Ohren brüllte.

Grace war halb verärgert und halb amüsiert. Sie ging zu einem Sofa in der Nähe und beobachtete die Neuankömmlinge und ließ sich von dem Gespräch unterhalten, das zwischen einem schlichten, klug aussehenden Mädchen mit vielen roten Haaren und einigen älteren Mädchen stattfand, die in der Tür standen und ihre Ellbogen streichelten liebevoll.

„Die liebe Herzogin hat heute Abend anscheinend eine lustigere Mischung als je zuvor", sagte die älteste Jungfrau, die ein zerknittertes Kleid trug und sehr freizügig eine Brille benutzte, wenn sie ihre Ellbogen einen Moment lang vernachlässigte.

„Ja, liebes altes Ding! Sie ist so gutherzig, sie kann nie nein sagen. Du kannst dir nichts so Lustiges vorstellen wie den Mob, der heute Abend kommt."

„Was bringt sie dazu?"

„Gutmütig; sie sagt, die Leute kommen gern, weil sie ein großes Haus hat und ihnen ein gutes Abendessen bieten kann, und warum sollte sie das nicht?“ und das Mädchen lachte.

„Sie ist in manchen Dingen eine ziemliche Herausforderung. Du hast keine Ahnung, wie junge Männer sie fliegen. Ihr tun unscheinbare Mädchen so leid, dass sie sie herbeimarschiert, ob sie wollen oder nicht, und sie sofort vorstellt. Das versichere ich dir hat meine Lieblingspartner vor meinen Augen entführt und sie mit Laternenpfählen und Billardkugeln tanzen lassen.

„Meine Liebe“, flüsterte Lady Lyons sehr diskret, „was meint sie damit? Wie kann ein Mann mit —— tanzen?“

„Oh! Verstehst du das wirklich nicht?“ sagte Grace ungeduldig; „Große Mädchen und sehr kleine.“

"Oh!" und Lady Lyons holte tief Luft.

Keine Band, keine Musik und kaum Männer. Es würde ein sehr seltsamer Ball werden, dachte Grace. Auf diese Weise vergingen anderthalb Stunden. In der Regel trugen die Leute Kleider, die die Hauptlast der Saison gesehen hatten – niemand war besonders schlau, außer als angesehener Schmuck. Sehr viele Leute trugen wunderschöne Diamanten und einige hatten gute Spitze, aber die meisten, die wussten, was für ein Andrang da sein würde, hatten die Spitze zu Hause gelassen.

Die Band kam und begann zwei oder drei Takte bekannter Valses zu spielen und hörte dann auf. Dann kam plötzlich ein Menschenstrom, die Räume füllten sich auf einmal und der Tanz begann. Aber nur in einem begrenzten Raum; Es begann im ganzen großen Raum, in drei oder vier Kreisen gleichzeitig.

Der Klang der Musik, der Anblick anderer, die das taten, was sie gerne tun würde, erfüllten Grace mit Verzweiflung. Sie kannte keine Menschenseele, und niemand sah sie an oder bemerkte sie in irgendeiner Weise. Tanz für Tanz ging weiter, und das Mädchen fühlte sich wirklich verlassen – Tränen der Verärgerung stiegen ihr in die Augen und flossen fast über.

Lady Lyons wurde unruhig.

„Ich denke, die Herzogin könnte einen Partner für Sie finden“, sagte sie verärgert; „Und was für ein unbequemes Sofa! Ich für meinen Teil wünschte, ich wäre wieder sicher zu Hause.“

Und Grace hätte beinahe gesagt:

"Ich auch!"

Ein komisch aussehender kleiner Mann mit merkwürdig kleinen Augen und einem großen Kopf ging immer wieder vorbei, schaute an den Bänken entlang und schlüpfte hinter die Menge, die jeden Moment größer zu werden schien. Als er vorbeikam, sah er Graces wehmütige Augen und ging weiter.

Als er zurückkam, wurde er von einem großen, gut aussehenden Mann mittleren Alters begleitet; sie näherten sich, und ihr Herz schlug hoch vor Hoffnung; Dieser kleine Mann war mit ihr verwandt und hatte eine Partnerin für sie gefunden.

Herrliche Täuschung, geboren, um zerstreut zu werden. Der große Mann verneigte sich vor Lady Lyons und sagte dann:

„Ihre Gnaden haben mich gebeten, Herrn Bott Ihnen und Ihrer Nichte vorzustellen; er möchte sie unbedingt überreden, dieses Valse auszuprobieren." und ohne Grace zu sehen (es sei denn, wie sie wütend dachte, er könnte sie sehen, ohne sie anzusehen), verneigte er sich erneut.

Graces Demütigung kannte keine Grenzen. Ihren ersten öffentlichen Auftritt als Tanz mit diesem eigenartig aussehenden Mann zu haben, war für sie sehr schrecklich, aber einen ganzen Abend lang hinter den Rücken (und sehr breiten Rücken) verschiedener Witwen zu sitzen, die entweder lieber standen oder keine Sitzplätze nach ihrem Geschmack fanden , schien die einzige andere Alternative zu sein und war für sie noch unerträglicher.

Sie stand auf und ging mit ihm, ein wenig überrascht darüber, wie er durch die dichte Menge glitt und ihr hinter sich Platz machte.

In der Schule galt sie als perfekte Tänzerin, aber gut mit Menschen zu tanzen erfordert Übung, die sie nie hatte, und dieser kleine Mann tanzte abscheulich. Er hatte alle möglichen Mängel und tat, so gut er konnte, alles, was er nicht hätte tun sollen.

Er konnte nicht steuern. Er hatte kein Selbstvertrauen und ging niemandem aus dem Weg. Graces Ohren wurden rot und kribbelten, und ihr ganzes Gesicht war vor verletzter Eitelkeit gerötet.

Nach zwei oder drei Kämpfen, in denen sie schändlich besiegt wurden, blieb sie stehen und blickte mit einem Gefühl von Wut und Verzweiflung auf die sanften, gleitenden Bewegungen glücklicherer Mädchen.

Als sie dann auf sie zukam, sah sie ein Paar, das sich mit unaussprechlicher Anmut bewegte, und erkannte Sir Albert Gerald.

Sie vergaß alles, aber als sie endlich ein Gesicht sah, das sie kannte, trat sie vor und rief seinen Namen aus.

Sir Albert verneigte sich lachend und schwang sich weiter, ohne anzuhalten.

Tränen stiegen ihr in die Augen, und als sie sich an Mr. Bott wandte, sagte sie:

„Mir geht es nicht gut. Bringst du mich zu Lady Lyons?“

Er gehorchte schweigend, war so zutiefst beleidigt von ihr wegen ihres Verhaltens, zeigte deutlichen Mangel an Wertschätzung oder seinem Tanz, dass er keine Anstalten machte, sie stattdessen zu einer Erfrischung zu überreden, sich verneigte und sich sofort abwandte.

„Lasst uns nach Hause gehen, Lady Lyons; ich bin so müde.“

„Und nimm kein Abendessen! Ich habe mich danach gesehnt, etwas zu essen. Ich erkläre, auf dieser harten Bank zu sitzen und Buße zu tun, macht einen verzweifelt hungrig; und ich bin deinetwegen hier, meine Liebe.“

„Wie können wir zum Abendessen gehen, ohne dass uns jemand mitnimmt?“

„Wir können alleine gehen – mehrere Leute haben es bereits getan – kommen Sie.“

Gerade als Grace ihrer Bitte nachkam, wurde sie von Sir Albert Gerald angehalten, der einen jungen Mann – einen sehr jungen Mann – zu Grace brachte und ihn vorstellte.

„Ich komme bald, um einen Tanz zu fordern“, sagte er; „Ich habe gesehen, wie du mit dem armen kleinen Bott das Märtyrertum erlitten hast. Es war sehr nett von dir, ihm einen Tanz zu geben.“

„Ich konnte nicht anders“, sagte Grace, deren Stimmung durch diese Veränderung ihrer Aussichten auf Vergnügen sofort wiederhergestellt war; „Er war die einzige Person, die mir vorgestellt wurde.“

„Bott schafft es immer, ein neues Opfer zu finden“, sagte der von Sir Albert vorgestellte Mann – ein Mr. Powis. „Möchten Sie zu Abend essen? Oh! Ich verstehe, die alte Dame will. Kommen Sie mit, Gerald, wir werden alle zusammen zu Abend essen“, und Lady Lyons war bald so vollkommen glücklich, wie sie nur sein konnte, während sie vor Schlafmangel halb tot war

.

Kapitel VII.

Das Erscheinen von Sir Albert Gerald am Tatort hatte eine magische Wirkung auf Grace. Jede Spur von Müdigkeit war verschwunden. Sie war wieder aufgeweckt, glücklich, sorglos und voller Freude; Wieder einmal verzauberte sie die Musik und wieder einmal war sie froh, dabei zu sein.

Nach dem Abendessen fand Sir Albert einen bequemeren Platz für Lady Lyons und stellte sie einer dort sitzenden Dame vor, die ihre eleganten Kleider mit ein wenig Misstrauen beäugte, bis die Herzogin ein paar freundliche Worte an sie richtete, als sie sofort feststellte, dass dies der Fall war viel gemeinsam.

Lady Lyons war nach langem Schweigen wirklich überglücklich, jemanden zum Reden zu finden; und im nächsten Schritt stellten sie fest, dass sie vom selben Arzt enttäuscht waren, das gleiche Essen mochten und die gleichen Symptome hatten; Das machte den Ball wirklich angenehm, und es war ihr jetzt egal, wie lange Grace blieb.

In der Zwischenzeit verwirklichte Grace ihre Träume; Sie schwebte durch den Raum, obwohl ihr Aussehen durch die eigenartige Haltung ihres Kopfes und eine gewisse Steifheit in ihren Bewegungen ein wenig beeinträchtigt wurde.

„Sie müssen mir mehr vertrauen und etwas weniger schüchtern sein", sagte Mr. Powis, als er sie seinerseits durch das Zimmer führte; „Man sieht, dass du außer Übung bist."

Grace sagte *ihm nicht*, dass es ihr erster Ball war.

Sie tanzte ohne Unterbrechung; sie würde es nicht ruhig hinnehmen; Sie wollte, dass dieser eine Ball voller Glück war, und sie wurde durch die lachenden Komplimente des jungen Powis ermutigt, der selbst ein bekannter Sportler und in ausgezeichneter Verfassung war und stundenlang hätte tanzen können, und um seinen eigenen Ausdruck zu verwenden: „ kein Haar mit der Wimper zucken.

Graces Lippen wurden sehr weiß, und Sir Albert protestierte mehr als einmal bei ihr und ihrem Partner.

„Hat Gerald etwas mit dir zu tun?" fragte er mit einiger Wut. „Was bringt ihn dazu, sich einzumischen?"

„Ich bin sicher, ich weiß es nicht", antwortete Grace mit einem gespenstischen Lächeln; „Aber du siehst, es macht mir nichts aus. Lass uns weitermachen."

„Was für ein Idiot du bist!" sagte er, als sie wieder anfingen. Als wir am Ende des langen Raums ankamen, herrschte plötzlich große Aufregung, und Mr. Powis war schockiert, als er feststellte, dass sein „Ziegelstein" von Partner völlig ohnmächtig in den Armen einiger dieser immer zuschauenden Zuschauer zurückfiel in einem Ballsaal herumstehen.

Sie wurde schnell in ein kleines Wohnzimmer getragen, wo ein oder zwei Leute verteilt wurden, die dort interessante Gespräche führten.

Allen war ein Hauptgedanke präsent: Die Herzogin durfte nicht gestört werden und der Ball durfte keine Sekunde unterbrochen werden.

Es dauerte sehr lange, bis Grace wieder zu sich kam, und dann gab sie zu, dass sie zu krank war, um zu bleiben.

Lady Lyons wurde ohne große Schwierigkeiten gefunden und die beiden verließen den glänzenden Schauplatz so schnell wie möglich.

Der junge Powis sagte etwas über die Katastrophe zu Sir Albert, der sich über ihn ärgerte.

„Wie konnte ich wissen, dass sie ohnmächtig werden würde?" er sagte; „Es schien ihr gut zu gehen: Sie wollte weitermachen."

„Sie war tatsächlich schon seit Monaten sehr krank, und als ich ihr die Einladung schickte, fühlte ich mich verpflichtet, zu versuchen, sie davon abzuhalten, sich selbst Schaden zuzufügen."

„Oh, das wusste ich nicht. Es geht ihr ganz gut, aber sie bleibt zurück und macht sich schwer; mein Arm schmerzt jetzt schon genug. Trotzdem tut es mir sehr leid. Ich konnte mir nicht vorstellen, warum du dich eingemischt hast."

„Wenn du es nicht gewesen wärst, wäre es bei jemand anderem gewesen", und Sir Albert sprang in ein Hansom und verschwand.

Lady Lyons wusste nur, dass Grace übermüdet war; Sie wusste nichts davon, dass sie ohnmächtig geworden war, und Grace selbst war fest entschlossen, so wenig wie möglich zu sagen. Gab es da nicht schon mehrere andere Karten, die den gleichen Genuss boten?

Auf die Art und Weise, wie eine dumme Frau es manchmal tut, unbeabsichtigt zu ärgern, gelang es der armen Lady Lyons, sie ziemlich zu beleidigen.

„Wirklich, meine Liebe, Sie können diesem netten Sir Albert Gerald nicht genug dankbar sein. Ohne ihn hätten Sie und ich kein Abendessen, keinen Tanz und einen sehr langweiligen Abend gehabt; und er hat auch für Sie einen Partner gefunden Ich versichere Ihnen, dass er sich große Mühe gegeben hat, mit Ihnen zu tanzen.

„Mr. Powis hat darum gebeten, mir vorgestellt zu werden."

„Hat er das, meine Liebe? Was für ein Humbug muss er sein! Ich hörte ihn selbst zu Sir Albert sagen: , *Ich kenne schon zu viele Mädchen; lass mich doch gehen!* ' und Sir Albert sagte: ‚Unsinn' und ging Er hat es dir überlassen, und dann hat er so getan, als würde er es sich selbst wünschen.

„Jedenfalls sagte Sir Albert: ‚Mr. Powis möchte Ihnen vorgestellt werden'", und Grace war rot vor Wut und Beschämung.

„Meine Liebe, ich glaube, das sagen sie immer. Ich habe es so oft in meiner Nähe gehört."

Grace schwieg. Sie hatte geglaubt, dass dieser eine Mann sich zu ihr hingezogen fühlte, und dabei vergessen, dass es in einer großen Menschenmenge dieses unbestreitbare *Etwas geben musste* , um überhaupt wahrgenommen zu werden.

Ihr nächster Ball war eine große Demütigung für sie. Sie sah Mr. Powis, er fragte sie, wie es ihr ginge, hoffte, dass es ihr besser ginge, und forderte sie *nicht* zum Tanzen auf; Darüber hinaus brachte er seine Überraschung darüber zum Ausdruck, dass sie wieder zu einem Ball kam.

„Ich hätte gedacht, dass Sie es vermasselt hätten, Miss Rivers. Ich werde ziemlich nervös sein, bis ich Sie nach Hause gehen sehe, wissen Sie."

Grace war wütend.

Sie und die arme Lady Lyons saßen unbemerkt da. Als sie müde waren, gingen sie weg und schlichen in den Speisesaal.

Alle Bediensteten des Lokals waren in prächtiger Livree in einer Phalanx in der Halle aufgestellt, und das Abendessen, das vertraglich vereinbart wurde, war sehr schlecht, und die Kellner waren noch schlimmer. Sie saßen sehr verlassen da, bekamen keine Aufmerksamkeit und zogen sich zurück, fast erschöpft, und hatten größte Schwierigkeiten, ihre Kutsche zu bekommen, da keiner der Livrees sich dazu entschloss, sich einem Nieselregen zu stellen und ihn anzurufen. Nachdem er sehr lange in einer schrecklichen Zugluft gestanden hatte, fragte jemand nach dem Namen und „Lady Lyons Kutsche, kein Diener!" wurde die Straße rauf und runter geschrien.

Grace brach in Gelächter aus, aber Lady Lyons, die in der Unterhaltung des Abends überhaupt nichts Lustiges sah, sank in einer Ecke des Brougham zusammen und weinte.

Trotzdem beharrte Grace darauf, die wenigen Dinge in Anspruch zu nehmen, die ihr angeboten wurden.

„Ich kann deine Lust am Ausgehen nicht verstehen; du triffst nie eine Menschenseele, die du kennst. Warum gehst du?" schrie die arme Lady Lyons schließlich.

„Ich gehe, weil es so gut für mich ist – und auch für dich."

„So gut für dich! So gut für mich!"

„Ja, es ist eine Art Buße für dich, da zu sitzen und dich nicht zu amüsieren; und was mich betrifft", sagte Grace leichthin, „danach kann ich mich selbst nie mehr zu hoch einschätzen! Es ist rundherum eine Demütigung." ."

„Du sagst die seltsamsten Dinge."

„Ich bin froh, dass ich originell bin; und jetzt, Lady Lyons, möchte ich ein Geschäft arrangieren, und wenn das erledigt ist, möchte ich nach Schottland gehen, aber ich muss zuerst meine Geschäfte erledigen."

"Wie lange wird es dauern?" fragte Lady Lyons.

„Das kann ich nicht sagen. Ich möchte mein Testament machen."

"Mein Schatz!"

„Ist das wieder eine originelle Idee? So etwas haben Menschen schon einmal gemacht. Warum wollen Sie besonders etwas über die Zeit wissen, Lady Lyons? Ihr sehr klugen Leute habt immer ein Motiv, wenn ihr etwas fragt."

„Es geht um die Zimmer, meine Liebe, und es geht um meinen Sohn", und Lady Lyons blickte Grace an, um zu sehen, ob die Erwähnung des Namens ihres Sohnes für sie von Interesse war.

Grace hörte sie kaum. Ihr Gesundheitszustand war deutlich schlechter als bei ihrer Ankunft in London. Es stimmte zwar, dass sie viele Demütigungen erlebt hatte, aber sie kümmerten sich nicht sonderlich darum. Sie hatte etwas von dem Wirbel gesehen, in dem sie sich so sehr gesehnt hatte, obwohl sie sich bewusst war, dass sie nur am Rande gewesen war und aus der Ferne zugeschaut hatte. Die Ernüchterung war jedoch vollkommen; Sie erkannte, dass es keine Freude bereitete, an einen Ort zu gehen, egal wie großartig er war, es sei denn, man lebte und bewegte sich unter Menschen und hatte sie als Freunde. und sie war beeindruckt von der höheren Tonlage vieler Menschen, die sie traf, die nicht nur zum Vergnügen lebten, sondern sich für andere Dinge interessierten und „Aufregung" als Unterbrechung, wenn auch als angenehme Unterbrechung, akzeptierten üblichen Beschäftigungen und machte es nicht zu ihrer Aufgabe. Sie schämte sich zunehmend für die leichtfertigen Ziele und kleinen Ambitionen, die sie hatte, und obwohl sie es nicht für sich beanspruchte, wünschte sie, sie wäre mehr wie Margaret.

Eines Tages rief Sir Albert an, um sich zu verabschieden. Er ging ins Ausland. Er wollte Grace unbedingt etwas sagen, aber er wollte allein mit ihr sprechen, und Lady Lyons war immer da.

Es war sehr amüsant, wie diese gute Frau ihm für die Mühe dankte, die er sich gegeben hatte, um ihre Unterhaltung zu fördern.

„Ja, in der Tat, Sir Albert, aber für Sie, wie ich Miss Rivers immer sage, kein Abendessen, keine Partner, eine harte Bank und eine Menschenmenge. Oh, mein Gott! Ich werde es nie vergessen, niemals! Dann kamen Sie und Dieses Abendessen, und die Herzogin war höflich, und ich hatte ein angenehmes Gespräch, und alles war anders.

„Ich bin sehr froh, dass ich nützlich sein konnte. Die Herzogin ist immer freundlich.“

„Ja, sie ist sehr nett – obwohl ich mich gestern vor ihr verbeugte und sie mich nicht kannte; vielleicht konnte sie mich nicht sehen, da ich einen sehr dicken Schleier trug“, fügte Lady Lyons nachdenklich hinzu.

"Vielleicht nicht."

„Es gibt nur eines, Sir Albert, wenn es Ihnen nichts ausmacht, es zu sagen – ich war so überrascht, sie so unscheinbar zu sehen.“

„So einfach! Wir in der Familie denken, dass meine Tante für ihr Alter sehr gut aussieht; sie hat so ein angenehmes Gesicht.“

„Oh! Ich meine nicht schlicht im Sinne von hässlich“, sagte Lady Lyons in großer Eile, „sondern schlicht in ihrem Kleid. Sie hatte keinen Schmuck an, nicht einmal einen Diamantring, denn ich schaute, um zu sehen, wann.“ Beim Abendessen zog sie ihre Handschuhe aus.

„Manche Leute denken, dass die Gastgeberin schmucklos sein sollte. Mir gefällt dieser Gedanke eher.“

„Ich verstehe es nicht im Geringsten“, sagte Lady Lyons unverblümt; „Wenn ich Gesellschaft hatte, zog ich mein schickstes Kleid an.“

„Ich nehme an, die Herzogin hat keine besonders eleganten Kleider“, antwortete er lachend.

„Nun, das ist Unsinn, Sir Albert. Aber ich würde gerne das ‚Gefühl‘ wissen, wie Sie es nennen, obwohl ich für meinen Teil keinen Zusammenhang zwischen Gefühl und Kleidung erkennen kann.“

„Das tue ich“, sagte Grace; „Wenn ich sehr gut gelaunt bin, kann ich mit ruhigem Gewissen Blau oder Weiß tragen; wenn ich wütend bin, trage ich Rot.“

„Meine liebe Miss Rivers! Sie sagen wirklich so lustige Dinge.“

„Dann werde ich es vermeiden, mit Ihnen zu sprechen, wenn ich Sie in einem roten Kleid sehe“, lachte Sir Albert.

„Das wäre besser – aber bitte klären Sie Lady Lyons auf, sie möchte unbedingt wissen, warum die ‚besten‘ Kleider eines Menschen nicht bei großen Anlässen zur Schau gestellt werden sollten.“

„Ich glaube, die Idee ist, dass es geschmackvoller ist, seine Gäste nicht in den Schatten zu stellen“, sagte Sir Albert; „Die Herzogin hat so prächtige Juwelen, dass es leicht wäre, alle anderen zu übertreffen.“

„Das ist eher ein zartes, schönes Gefühl“, sagte Grace herzlich.

„Aber ich würde lieber meine Juwelen tragen, wenn ich welche hätte“, sagte Lady Lyons. „Sir Albert, ist Ihnen neulich Nacht mein Schmetterling aufgefallen? Nein! Wie seltsam! Na ja, egal! Ich werde ihn für Sie holen, er hat eine Geschichte.“

Sie verließ den Raum und Sir Albert nutzte seine Gelegenheit. „Miss Rivers“, begann er hastig, „Sie haben doch eine Vorstellung davon, was Ihre Schwester für mich bedeutet?“

„Ich glaube, das habe ich“, sagte Grace zurückhaltend.

„Wirst du mir eine große Gefälligkeit erweisen?“ sagte er ernst. „Schickst du mir ab und zu mal eine Nachricht? In dieser schrecklichen Zeit war der einzige Plan, *ihr* zuliebe, weg zu bleiben.“

„Ich nehme an, das war es“, sagte Grace; „Es muss schwierig gewesen sein.“

„Es war sehr schwierig.“

„Und wenn ich Ihnen diese Zeile ‚ab und zu‘ schicke, soll ich dann etwas zu ihr sagen?“

„Ich sehe keinen Grund, warum Sie ihr nicht mitteilen sollten, dass Sie so freundlich sind, mir zu schreiben“, antwortete er.

„Ich auch nicht. Ich wollte es nur wissen.“

„Wenn Sie zu irgendeinem Zeitpunkt glauben, dass sie mich sehen möchte – wenn ich jemals von Nutzen sein könnte –, werden Sie es mich wissen lassen?“

„Das werde ich. Nicht, dass das Versenden eines Briefes nach Norwegen oder Finnland, ganz zu schweigen von den Antipoden, große Aussicht darauf bietet, dass Sie innerhalb einer angemessenen Zeit kommen können", fügte sie lachend hinzu.

„Entfernung hört sich mehr an, als sie ist", antwortete er gelassen, „und ich komme vielleicht nicht ganz so weit wie die Antipoden."

„Oder Norwegen?" sagte sie schelmisch.

Er färbte lebhaft.

„Miss Rivers, ich möchte das Meer zwischen uns bringen, bis …"

„Bis sie es einigermaßen vergessen hat", sagte Grace freundlich. „Ich glaube, Sie haben Recht, denn gerade jetzt ist alles so schrecklich für sie. Sie könnte Glück in Verbindung mit Ihnen für völlig ausgeschlossen halten, und wenn Sie sich gerade jetzt melden würden, könnte sie sich in eine Lage versetzen, aus der es nicht mehr herauskommt Es könnte für sie schwierig sein, sich zurückzuziehen. Ich denke, Sie müssen warten, bis sie sich ganz erholt hat, und dann wird ihr möglicherweise eine große Lücke in ihrem Leben bewusst und sie wünscht sich Sie.

„Gott gebe, dass es so sein kann!" sagte er inbrünstig.

„Würde es Ihnen etwas ausmachen, mir zu erzählen, wie es dazu kam, dass in Lornbay alles schief gelaufen ist? Ich dachte, Sie hätten sich damals um sie gekümmert."

Missverständnis . Ich kann mir nie verzeihen, dass ich etwas gesagt habe — etwas auf dumme Art und Weise ausgedrückt zu allem anderen hinzugefügt.

„Nun, bevor meine Dame und ihr Schmetterling kommen, hören Sie, wie ich verspreche, in dieser Angelegenheit so wenig wie möglich zu tun, Sir Albert. Lasst uns ewige Freundschaft schwören!"

Sie streckte ihre Hand aus, als Lady Lyons den Raum betrat, und er drückte sie dankbar. Lady Lyons hustete laut, als wollte sie sagen: „Ich bin hier."

„Nun, Sir Albert", sagte Grace fröhlich, „Lady Lyons ist ziemlich schockiert; Sie dürfen wirklich nicht vor ihren Augen mit mir schlafen."

Die arme Lady Lyons war furchtbar verblüfft. Sir Albert war jedoch so freundlich zu ihrem Juwel und schenkte ihm, als er es ans Licht brachte, so große Aufmerksamkeit, dass sie bald mehr an ihren Schmetterling dachte als an alles andere.

Als er jedoch gegangen war, kam ihr die kleine Szene wieder in den Sinn, und sie begann von ihm zu reden.

Sie hatte gerade genug Angst vor Grace, um das Gespräch so weit wie möglich vom Thema entfernt zu beginnen, und ohne aus den Augen zu verlieren, was sie wissen wollte, begann sie, über Mrs. Dorriman und die Tage ihrer Jugend zu sprechen, als sie es getan hatte war als Anne Sandford ein vernachlässigtes Mädchen von sechzehn Jahren.

„Wissen Sie, meine Liebe, dass die Leute damals dachten, sie wäre eine Erbin. Niemand wusste irgendetwas über den Bruder, und es war eine große Überraschung, als er auftauchte. Niemand wusste etwas über *seine* Mutter, und niemand, glaube ich – keiner seiner engsten Freunde – wusste von der ersten Ehe seines Vaters.“

„Eine unangenehme Überraschung für Mrs. Dorriman.“

„Ja! Und wie gut sie immer ist; nie ein Murren, und es ist sehr hart für sie. Erstens hat ihr Vater kein Testament gemacht; dann hat ihr Mann sein ganzes Geld verprasst! Die arme, liebe Frau! Kann nun irgendjemand ehrlich sagen, dass sie ein glückliches Leben hatte?“ Und Lady Lyons blickte sich im Zimmer um, als appellierte sie an ein unsichtbares Publikum, und sah erst am Ende Grace an.

„Es ist ganz unmöglich, dass jemand ohne Unabhängigkeit glücklich sein kann“, antwortete Grace. „Es ist äußerst ärgerlich, alles oder fast alles jemandem zu schulden, der einem nichts bedeutet. Ich spreche mit Gefühl, Lady Lyons. Mr. Sandford, aus Zuneigung zu seiner Frau (die, wie Sie wissen, meine Frau war). Tante), bot uns ein Zuhause an und erhöhte unser Einkommen in der Schule, aber er machte die Art und Weise, wie er weiterging, zu einem Hass. Ich kann Ihnen nicht sagen, wie schrecklich die Szenen waren. Kein Mädchen mit Selbstachtung könnte das ertragen!“

„Meine Liebe! Das ist sehr, sehr traurig.“

„Es ist mehr als traurig. Dies ist die Geschichte der Ehe meiner armen Liebsten Margaret. Ich war so elend, so vollkommen elend, dass sie Mr. Drayton heiratete (alle ihre Instinkte waren gegen ihn), um *mich* vor einem Leben zu retten, das ich hasste . Ich drängte sie, es zu tun; aber, Lady Lyons, ich wäre sehr krank gewesen – wenn ich nur nicht das Gefühl gehabt hätte, all den Trost und die Fürsorge zu brauchen, die ich bekommen konnte – ich bin mir sicher, dass ich es nie tun würde hätte ihr erlaubt, sich so schrecklich zu opfern.

Sie blieb erschöpft stehen und bedeckte ihr Gesicht mit ihren Händen.

„Meine Liebe! meine Liebe!“ sagte Lady Lyons und klopfte ihr schwach auf den Arm. „Um meinetwillen regen Sie sich nicht so sehr auf. Es tut mir so leid, dass ich das vorgebracht habe – aber ich glaube auch nicht, dass ich es getan habe.“

„Es spielt keine Rolle, ob du es getan hast oder nicht, es ist immer da – nein, nicht immer", sagte Grace mit einem bitteren kleinen Lachen, „denn ich bin kein Mädchen, das sich darüber unglücklich macht, was nicht geholfen werden kann, sondern wann." Ich werde in Gedanken getrieben – Oh! Lady Lyons, wissen Sie, was das ist? Hatten Sie in Ihrem ganzen Leben jemals Reue?"

"Oh ja!" sagte Lady Lyons sehr gelassen, „als ich meinen Mann verlor, wünschte ich, ich wäre ihm gegenüber nicht so böse gewesen auf mich, als er starb.

Grace lachte erneut und Lady Lyons sah sie neugierig an. Was hatte sie gesagt, das so lustig war? Sie begann erneut zu reden, diesmal ein wenig gehässig.

„Ich nehme an, du wirst froh sein, wenn deine Schwester wieder heiratet?"

„Natürlich würde ich mich freuen, wenn sie alles tun würde, um glücklich zu sein. Aber wenn ich wieder heirate, Lady Lyons, erscheint es mir nicht ein wenig schwer, dass sie so viele Chancen hat und ich ... keine habe?"

„Meine Liebe, wenn ich mich nicht sehr irre, ist Sir Albert Gerald sehr verliebt."

„Ja, ich glaube, er ist sehr verliebt", antwortete Grace gleichgültig.

„Dann lasst uns hoffen, dass alles gut wird."

„Das hoffe ich", und bevor Lady Lyons ihre Nachforschungen fortsetzen konnte, kam ein Diener und fragte, ob Grace Mr. Stevens sehen würde.

"Sicherlich." Grace war entzückt, jemanden zu sehen; und Lady Lyons, die sich nichts aus Mr. Stevens machte, sammelte sorgfältig ihren Flickenteppich zusammen und verließ das Zimmer.

„Nun, Mr. Stevens, Sie sehen mich kurz vor der Abreise", rief Grace; „Ich entferne mich wirklich weit von dieser fröhlichen und festlichen Szene und beabsichtige, meine zerrütteten Nerven in der Luft der Highlands zu rekrutieren."

Mr. Stevens sah sie ernst an. Er war zutiefst schockiert über ihr Aussehen. Sie sah so zerbrechlich aus und ihre Lippen waren so völlig farblos.

„Ich hoffe, die Highland-Luft wird Sie aufheitern", sagte er; „Du siehst aus, als hättest du schon seit unbestimmter Zeit nicht geschlafen."

„Nein, schlaf.... ich schlafe nicht gut." In ihrem Ton lag etwas fast Mitleiderregendes. Mittlerweile hatte er sie ziemlich oft gesehen, aber er hatte sie immer voller guter Laune und schwatzender Worte gesehen; er fand sie interessanter und sagte sehr freundlich: „Eine Luftveränderung tut jedem gut, und es wird dir gut tun, deine Schwester zu sehen."

"Wie geht es ihr?" Grace fühlte sich durch seinen Ton weicher.

„Ein anderer Mensch, seit sie dort war. Ich war ein paar Tage dort oben …" Ein merkwürdiges Zögern in seinem Verhalten fiel ihr auf.

„Ich werde es mögen, mit meiner Schwester zusammen zu sein. Ich werde es überhaupt nicht mögen, mit jemand anderem zusammen zu sein", sagte Grace mit einem bitteren Ton, der ihm auffiel.

„Nicht – Frau Dorriman?"

„Nicht – Frau Dorriman!" sie erwiderte, ahmte die kleine Pause nach, die er gemacht hatte, und sah ihn mit lachenden Augen an.

Mr. Stevens stand auf und schaute aus dem Fenster. Grace rief ihn zurück. „Bist du gekommen, um zu sehen, wie es mir geht? Ich sehe nicht sehr robust aus, aber ich habe vor, im Norden gut durchzukommen."

"Ich hoffe du wirst."

„Aber Sie haben Angst? Herr Stevens, Ihr Gesicht ist fast so gut wie ein Spiegel. Am Ausdruck Ihrer Augenbrauen erkenne ich genau, wie ich aussehe. Wenn Sie ins Zimmer kommen, sind sie ordentlich und gerade, wenn ich hinschaue Nun, sie geraten in eine Art Überraschungszustand, als würden sie sagen: „Dieses Mädchen ist mir ein Rätsel, es geht ihr tatsächlich besser, wer hätte das gedacht?" Wenn ich sehr krank aussehe, wie ich es heute vermute, gehen sie melancholisch zu Boden und sagen so deutlich wie möglich: „Das arme Ding geht sehr schnell bergab."

„Miss Rivers, es tut mir leid, dass meine Augenbrauen so unbequem ausdrucksstark sind", sagte er und versuchte zu lachen und fühlte sich absolut untröstlich; Sie schien ihm furchtbar krank zu sein und so völlig ohne ernsthafte Gedanken.

„Es braucht Ihnen nicht leid zu tun", sagte sie in einem seltsamen Tonfall; „Wir alle wissen nichts voneinander, und ich glaube, ich verurteile Sie genauso streng wie mich."

„Kaum! Verurteile ich dich kaum?"

„Du denkst, ich sei so furchtbar frivol und gedankenlos und – mir fallen in diesem Moment keine anderen Worte ein."

„Ich kenne Ihre Schwester am besten. Sie ist nicht rücksichtslos. Und darf ich Ihnen sagen, Miss Rivers, je mehr ich sie kenne, desto mehr bin ich darüber überrascht, dass sie jemals den armen Drayton geheiratet hat?"

„Du kanntest ihn besser als jeder von uns."

„Ja, seit seiner Kindheit. Er hatte keine Chance. Sein Vater und seine Mutter waren Cousins und in der Familie herrschte Wahnsinn. Es war schrecklich für mich, von seiner Ehe zu hören."

Grace zitterte.

„Sie mögen Mr. Sandford nicht. Ich erinnere mich, das gehört zu haben. Ich kann ihn nicht ertragen."

„Er ist derzeit in einem sehr schlechten Gesundheitszustand."

„Das ändert nichts an der Sache. Wenn ich an all seine Unhöflichkeit und Gewalt denke … und er sieht für mich immer so aus, als hätte er eine große Sünde auf seinem Gewissen."

Grace beobachtete Mr. Stevens ganz genau und sah, wie er zusammenzuckte.

Er drehte das Thema sofort um.

„Ich bin gekommen, um Ihnen etwas zu bezahlen, Miss Rivers – würden Sie mir eine Quittung geben?"

Es war ein großer Scheck – die Zinsen auf die fünfzehntausend Pfund ab dem Tag der Heirat ihrer Schwester.

„Mrs. Drayton hat dies abgelehnt – die Erbschaftssteuer wird abgezogen und eine Rechnung beigefügt."

Grace untersuchte alles ruhig. Dann zog sie ein Löschbuch in ihre Nähe. Sie unterschrieb eine Quittung und legte den Scheck ihrer Bank bei, klingelte und wünschte, dass der Brief persönlich verschickt würde.

Mr. Stevens beobachtete sie aufmerksam; Wie merkwürdig unähnlich sie Mrs. Drayton war, und doch hätte etwas – diese unbeschreibliche und subtile Ähnlichkeit, die mehr in den Tricks ihres Benehmens als in den Gesichtszügen zum Ausdruck kommt – dafür gesorgt, dass Grace überall als Margarets Schwester bekannt war. Er begann, ihr Inchbrae zu beschreiben, aber sie unterbrach ihn hastig.

„Bitte, beginnen Sie nicht damit, denn ich weiß es auswendig – Margaret schreibt über nichts anderes, und was Mrs. Dorriman betrifft, weiß ich nicht, ob sie oder Jean am meisten darüber reden. Klares, kristallklares Meer – sanfte Schatten auf den Bergen , manchmal Wolken (immer Wolken, würde *ich* sagen!) – scharfe Felsen, schöne Tannen mit roten Stämmen, schöne ohne, Wasserfall, Ebereschen, scharlachrote Geranien *und* ein graues Haus. Da weiß ich, was ich gelernt habe Ich nicht? Die Idee deines Anfangs auch!"

Mr. Stevens brach in Gelächter aus, und er war einer der Männer, die fröhlich lachten, so viele sind laut und nicht fröhlich. Inmitten dieser Heiterkeit kam ein großer junger Mann herein, der sich ankündigte, während im Hintergrund ein verletzter Kellner abfällig mit den Händen winkte.

Es war Paul Lyons.

„Kommen Sie und lachen Sie auch, Mr. Lyons", sagte Grace, als sie ihm die Hand schüttelte. „Sollte es Sie überraschen, das zu hören, Mr. Stevens (ich möchte Sie übrigens vorstellen: Mr. Stevens, Mr. Lyons; das Gleiche zum Gleichen). Ja, Mr. Stevens lacht über einen hervorragenden, unbestreitbaren Witz von mir."

Paul Lyons schien älter und besorgter zu sein als bei ihrer letzten Begegnung. Er sah sie mit einem so ernsten Gesichtsausdruck an, dass sie erschrak. Das Lachen erstarb auf ihren Lippen und sie schwieg.

„Warst du krank?"

Er sprach mit sehr echtem Gefühl, und obwohl sie versuchte, ihm leichthin zu antworten, scheiterte ihr Versuch. Schließlich sagte sie kurz:

„Ich war krank und deine Mutter freundlich. Mein Gesicht spricht für sich, nehme ich an."

„Ja", antwortete Paul, „es geht dir alles andere als gut. Aber es geht dir besser? Du gehst weg?"

„Wer hat Ihnen diese wichtige Tatsache erzählt?"

„Meine Mutter. Ich bin früher nach Hause gekommen. Ich wollte dich sehen, bevor du weggehst."

Herr Stevens hatte keine sehr schnelle Auffassungsgabe, aber als Paul Lyons diese Rede hielt, wurde ihm klar, dass er vielleicht im Weg war.

Er erhob sich, erneuerte seine Hilfsangebote und verließ den Raum mit überwältigendem Dank von Grace.

„Erzählen Sie mir von Ihrer Krankheit, jetzt, wo der Mann gegangen ist. Waren Sie ernsthaft krank – so krank, wie meine Mutter denkt?"

„Wie kann ich erfahren, was deine Mutter denkt?"

„Oh, Grace! Mach jetzt keine Scherze! Ich weiß schon seit langer Zeit, dass mein ganzes Glück in dir liegt!"

„Margaret ist frei, denken Sie daran."

„Was macht das schon? Warum erinnere ich mich daran, dass ich sie einst am liebsten mochte? Darf sich ein Mann nie ändern? Ich weiß jetzt – ich weiß es schon lange – wenn ich Sie nur dazu bringen könnte, es zu glauben!, dass Margaret eine Art Traum war." Ich werde sie immer verehren, aber sie ist zu weit über mich hinaus. Sie ist wie eine reine, kalte Heilige, und ich liebe dich, Grace!"

„Aber ich habe kein Vermögen, mit dem ich dich ausstatten könnte", sagte Grace und sah ihn ernst an, „nur ein paar Hundert pro Jahr."

Sie beobachtete ihn ein wenig besorgt, aber sein Gesicht zeigte, dass es ihr egal war.

„Ich bin arm genug", sagte er, „aber du wirst nie etwas brauchen, wenn du mir nur das Recht gibst, für dich zu sorgen. Es ist mir gelungen, einen Termin in Italien zu bekommen. Ich bin sicher, dass dir das Klima passen wird; Die Ärzte sagten es.

„Und Sie haben den Termin bekommen, ohne zu wissen, dass ich ja sagen würde", rief Grace, ganz in ihrer alten Manier.

„Wenn du Nein sagst, werden für mich alle Orte gleich sein."

„Oh, Paul! Soll ich dir etwas sagen? Ich liebe dich, aber ich habe dir noch viel zu sagen, bevor ich Ja oder Nein sage."

„Sag jetzt etwas und bring mich aus der Ungewissheit."

„Ich glaube, dass ich leben werde; ich bin nicht sehr stark; aber ich bin stärker, als die Leute denken; und Paul, wenn ich Ja sage – wenn ich deine Frau bin – fürchte ich, dass du einen sehr traurigen Handel machen wirst. Das bin ich nicht." ein sehr liebenswürdiges Mädchen, und ich bin launisch. Weißt du, wovor ich Angst habe?

„Grace, bitte rede nicht so. Ich habe auch viele Fehler; du denkst nicht, dass ich perfekt bin, oder? Wir müssen einander berücksichtigen."

„Ich glaube sicherlich nicht, dass du perfekt bist", sagte Grace und lachte ein wenig, „aber ich denke, du solltest nachdenken. Denk nur darüber nach, Paul: eine zarte Frau, voller Launen, nicht sehr attraktiv."

„Grace, du wirst mich verrückt machen, wenn du so weitermachst. Ich liebe dich, Liebling, mit all deinen Launen und allem anderen, und du wirst in Italien stark und gesund werden. Sag klar und deutlich, dass du wird mich heiraten."

„Na dann, ganz klar und sofort, das werde ich tun, Paul. Ich bin mir nicht ganz sicher, ob der Grund, warum ich mich um dich kümmere, nicht darin besteht, dass du der einzige Mann bist, der mich jemals heiraten wollte, sondern ich werde dich nur heiraten." Zustand."

„Unter allen Bedingungen, Liebling."

„Ich möchte sofort heiraten. Ich habe jede Menge neue Kleider; und ich möchte nicht nach Schottland gehen und dem alten Sandford gegenübertreten, ohne jemanden, der meine Schlachten austrägt."

Paul war überrascht, dass seine Mutter sich über seine Heirat freute.

„Ich hatte Angst, dass Sie wollten, dass ich eine reiche Frau heirate", sagte er, und seine Zufriedenheit über die offensichtliche Freude, mit der sie seine Nachricht empfing, war grenzenlos.

„Das habe ich, Paul, ja; aber Grace hat etwas."

„Ich fürchte nicht viel – aber ich habe diesen Termin, Mutter, und wir werden gut miteinander auskommen."

„Ich nehme an, es ist nicht viel; hat sie dir gesagt, was es war?"

„Ein paar Hundert."

„Ein Jahr. Sie hat sechs- oder siebenhundert im Jahr."

"Oh!" sagte Paul, „Ich bin natürlich froh, Mutter. Ich bin auch froh, dass ich nichts davon wusste."

„Hätte es einen Unterschied gemacht?"

„Das kann ich nicht sagen", antwortete er.

KAPITEL VIII.

Lady Lyons war wegen Graces Hochzeit in großer Aufregung. Sie hatte große Vorstellungen davon, was das Richtige sei; und sie hätte nie gedacht, dass Grace bei einer Gelegenheit dieser Art eigensinnig oder hartnäckig sein würde. Dass sie eigenartig war, wusste sie; Aber sie hatte keine Ahnung, dass sie sich seltsame Vorstellungen über eine Hochzeit machen würde, und diese Hochzeit war ihre eigene.

Grace wollte keine Hochzeitstorte, kein Frühstück (in diesem Sinne) und keine Aufregung, keine Brautjungfern. Es sollte mit einer Sondergenehmigung geschehen und so ruhig wie möglich sein.

„Aber warum, mein Lieber?"

„Weil es niemanden gibt, den man fragen kann."

„Wir haben viele Bekannte. Ich kenne viele Leute, und es ist ungewöhnlich, auf diese Weise eine Hochzeit in einer Ecke abzuhalten."

„Ich weiß nichts über eine Ecke – ich soll kirchlich heiraten."

„Du weißt, was ich meine, Grace; und es ist mein einziger Sohn."

„Es tut mir leid, dass Sie keine weiteren Söhne haben, wenn Sie es wünschen, Lady Lyons."

Dann kniete sie sich plötzlich neben sie und sagte ernst:

„Normalerweise gibt es Freunde, über die man sich freuen kann; es gibt eine Mutter oder Schwestern, einen Vater – jemanden, der sich um ein Mädchen kümmert. Sie versammeln sich um sie in einem wichtigen Moment ihres Lebens; aber, Lady Lyons, das gibt es auf der ganzen Welt nicht." Es wäre lächerlich, Bekannte herbeizurufen und sie Freunde zu nennen. Was wissen sie über mich oder deinen Sohn? . Mir fällt niemand ein – ich muss mir für diesen Anlass einen Vater leihen, und ich kann mir nicht vorstellen, wo ich einen finden soll.

„Meine liebe Grace, du sagst wirklich so seltsame Dinge!"

„Tue ich das? Ich spreche die Wahrheit, vielleicht kommt mir das seltsam vor."

„Ich habe überhaupt nicht das Gefühl, dass es eine Hochzeit wäre."

„Ich hoffe, es wird eine Hochzeit, auch wenn es keine Gäste gibt; und warum gibt es eine Hochzeitstorte, wenn es keine Gäste zum Essen gibt?"

„Ein paar wegzuschicken, und das Aussehen der Sache. Daran scheinst du nicht zu denken."

„Wer soll schauen? Es soll niemand da sein. Ich selbst mag keine Hochzeitstorte, obwohl ich die Mandelpaste liebe, und wenn man welche isst, wäre man wochenlang krank."

Lady Lyons war nicht zu trösten. Sie erzählte es Sir Albert (der immer noch in der Stadt festgehalten wurde) und er versuchte, Mitgefühl mit ihr zu zeigen. Dann sprach er mit Grace:

„Wenn die Leute nicht hierher, sondern in die Kirche kämen – würde es Ihnen nichts ausmachen?"

„Wie kann ich verhindern, dass Menschen in die Kirche gehen?"

„Und wer soll dich verraten?"

„Ich weiß es nicht. Ich habe Lady Lyons gesagt, dass ich beabsichtige, für diesen Anlass einen Vater zu leihen."

„Wie würde Sir Jacob abschneiden?"

„Sie waren noch nie in unserer Nähe, obwohl sie so viel Aufhebens um uns gemacht haben. Natürlich ist es nicht *seine* Schuld – ich werde ihn trotzdem nicht fragen."

„Es wäre freundlicher, an jemanden zu denken, und bitte Lady Lyons."

„Aber ob freundlich oder nicht freundlich, mir fällt niemand ein."

„Da ist jemand, den ich kenne; er ist sehr nett, und es wäre angenehmer für dich."

„Es wäre viel besser, wenn ich jemanden kennen würde. Ich denke, Mädchen, die Verwandte und Freunde haben, sind beneidenswert; ich habe keine."

„Wenn ich jemanden finde, wärst du nett dazu?"

„Ich werde sehr nett sein: so nett, wie ich nur sein kann. Lady Lyons hätte gerne ein bisschen jemanden vor der Welt. Sie hält Pauls Hochzeit für eine sehr wichtige Sache."

„Wenn ich kann, werde ich das arrangieren. Ich war so provoziert, dass ich nicht entkommen konnte, jetzt bin ich froh."

„Ja, ich bin Margarets Schwester."

„Du sagst, sie kommt nicht?"

„Sie bot an und ich lehnte ab. Wo wäre eine lange Reise sinnvoll? Ich fahre danach nach Norden."

„Und du sollst mir schreiben?"

„Wenn Paul nicht eifersüchtig ist", und sie lachte.

Dann verabschiedete er sich.

An diesem Abend saß Lady Lyons da und machte sich große Sorgen über alles im Allgemeinen und diese drohende Schwierigkeit im Besonderen, als eine Nachricht an Grace einging. Sie war von der Herzogin.

> „ SEHR GEEHRTE FRAU RIVERS ,
>
> „Mein Neffe sagt, dass Sie wegen der Abwesenheit Ihrer Schwester an Ihrem Hochzeitstag gerne ein wenig befreundet sein würden. Der Herzog bittet mich zu sagen, dass er Sie gerne verschenken wird, und da Lady Lyons dem jungen Mann gehört Mutter, ich werde dich anrufen und zur Kirche bringen.
>
> „Wie weise Sie sind, keine Brautjungfern zu haben und kein Frühstück zu haben. Ich wünschte, andere Mädchen wären genauso vernünftig. Glauben Sie mir, liebe Miss Rivers,
>
> "Mit freundlichen Grüßen,
>
> „ KATHERINE MALLINGTON ."

Grace übergab die Nachricht kommentarlos an Lady Lyons.

„Der Diener Ihrer Gnaden wartet ab, ob es eine Antwort gibt", sagte der Kellner sehr respektvoll.

Grace schrieb:

> „ LIEBE HERZOGIN VON MALLINGTON ,
>
> „Sie sind sehr freundlich, und ich möchte Ihnen und dem Herzog vielmals danken. Ja, ich werde Ihnen sehr dankbar sein, dass Sie sich mit mir so angefreundet haben; es ist gut von Ihnen, die Sie mich so wenig kennen; natürlich ist es auch gut." deines Neffen.
>
> "Mit freundlichen Grüßen,
>
> „ GRACE RIVERS ."

„Meine liebe Gnade, jetzt ist alles wunderbar arrangiert", sagte Lady Lyons; „Jetzt wird es nicht mehr in der Ecke sein."

„Der Ort wird nicht verändert", sagte Grace. „Ich habe dir schon gesagt, dass ich nicht eine Ecke meinte."

„Sie nehmen alles so sehr als selbstverständlich hin", sagte Lady Lyons gereizt.

„Wie soll ich die Dinge aufnehmen? Soll ich lachen oder weinen? Sag mir, was das Richtige ist?“

„Vielleicht bist du ein wenig erfreut.“

„Ich bin sehr zufrieden. Ich finde die Herzogin sehr nett.“

„Sie muss Gefallen an dir gefunden haben, meine Liebe.“

„Ich glaube nicht. Ich vermute, dass sie mich nicht vom Sehen kennt.“

„Warum tun Sie das dann? Was denken Sie selbst?“

„Ich denke, es ist alles für Margaret.“

„Und sie hat sie noch nie gesehen! Meine Liebe, du bist wirklich zu lächerlich!“

„Nein, Lady Lyons; können Sie nicht sehen, wie die Dinge wirklich sind? Sir Albert wusste, wie sehr Sie meinen Mangel an Freunden beklagten, und er hat das für mich getan.“

„Aber warum, meine Liebe, warum? Das möchte ich wissen“, und Lady Lyons sah verwirrt aus.

„Ah, das ist in der Tat sehr rätselhaft“, sagte Grace ernst, und Lady Lyons, die von Anfang an erklärt hatte, dass sie glaubte, ein Kleid zu haben, das ganz gut genug sei, ging, um ihre Zofe zu diesem Thema zu befragen.

Sie fand ihre Zofe in einem Zustand der Ekstase über eine sehr schöne dunkle, pflaumenfarbene Seide, sehr modisch, aber dezent gefertigt, mit passender Haube und Mantel, darauf stand „Mit Gnadenliebe“.

„Oh mein Lieber, wie schön! Es tut mir so leid, dass ich das wegen einer Ecke gesagt habe. Ecke, in der Tat! Wie nett, wie rücksichtsvoll von dir! Ich kann es nicht ertragen, ein so schönes Geschenk von dir anzunehmen.“

„Sie müssen lernen, viele Geschenke von Ihrer neuen Tochter anzunehmen“, sagte Grace, aber etwas an ihrem Tonfall beeindruckte Lady Lyons.

„Du hast geweint“, rief sie; „Was ist los, meine Liebe? Was ist passiert?“

„Es ist nichts passiert, aber ich habe einen Brief von Margaret, einen sehr lieben Brief, und ich konnte nicht umhin, meine Ehe mit ihrer zu vergleichen, denn ich liebe Paul, Lady Lyons, und alles ist anders.“

„Ganz anders“, sagte Lady Lyons und seufzte mitfühlend; „Und Mr. Drayton hatte keine Position, mein Lieber; er war nur ein Fabrikant.“

„Oh, Lady Lyons, wie absurd Sie sind!“ sagte Grace, die Tränen standen ihr immer noch in den Augen, obwohl sie herzlich lachte; „Schön, in diesen

Tagen so zu reden! Nun, alle unsere führenden Geister im Parlament und außerhalb davon sind ‚nur‘ Fabrikanten; sie haben jetzt den Ball zu Füßen.“

„Meine Liebe, Sie haben eine Art, Dinge auszudrücken, der ich nie folgen kann“, sagte die arme Lady Lyons; „Jetzt reden Sie von einem Ball, das ist wirklich sehr rätselhaft.“

„Na dann bitte ich immer und immer wieder um Verzeihung“, sagte Grace, „und ich werde versuchen, keine rätselhaften Dinge zu sagen.“

„Danke, meine Liebe“, sagte Lady Lyons sehr herzlich, die dies als großes Zugeständnis betrachtete.

„Jetzt soll ich deine Tochter sein“, sagte das Mädchen mit dem natürlichen Wunsch, ihr gerade jetzt ein wenig Zuneigung und Freundlichkeit zu zeigen, „du wirst versuchen, mich zu mögen – mich ein wenig zu lieben.“ Sie sah Lady Lyons wehmütig an, die von diesem Appell berührt und völlig gerührt war.

„Ich nehme an“, sagte sie sehr naiv zu Grace, die sich umgedreht hatte, um den Raum zu verlassen, „dass ich auch Dinge an mir habe, Eigenheiten, die Nachsicht erfordern.“

„Du bist sehr gut“, sagte Grace und wich der Frage aus, „und ich möchte Paul eine gute Ehefrau sein, glauben Sie das?“

„Oh ja, mein Lieber, das hast du in der Tat sehr hübsch ausgedrückt. Früher wünschte ich, es wäre Margaret, aber jetzt, denke ich, wird es dich interessieren, dass ich ganz versöhnt bin – dann ist da noch die Herzogin und mein neues Kleid !"

Grace lachte ein wenig und verließ sie.

Sie schloss ihre Tür ab und las noch einmal Margarets liebevollen, ernsten Brief.

Nachdem sie die Nachricht von ihrer Heirat besprochen hatte, sagte sie:

„Nun, Grace, mein Liebling, ich möchte, dass du darüber nachdenkst, betender als ich. Wenn du Paul Lyons nicht liebst, dann störe dich nicht an den unangenehmen Reden, die gehalten werden könnten, aber mach nicht damit weiter.“ . Es ist viel besser, jetzt wütende Worte zu ertragen, als ohne Liebe zu heiraten, und ich könnte dir irgendwo ein Zuhause bieten, wenn ich das nur nicht getan hätte Ich hätte gerettet werden können.

Es gab noch mehr zum gleichen Punkt; Jedes Wort, jede Zeile zeigte durch seine Intensität, was für einen Schmerz, welche Scham und welches Elend sie selbst durchgemacht hatte.

Heiße Tränen fielen auf Graces Hände, als sie den Brief las, und sie warf sich auf die Knie.

„Warum sollte sie leiden und ich nicht?" rief sie, „und ich freue mich auf das Glück. Dann betete sie lange und inbrünstig, nicht um Glück und Segen, sondern um Vergebung!"

„Ich werde erst wirklich glücklich sein, wenn ich weiß, dass sie es vergessen hat", sagte sie sich und wusste, dass dies bedeutete, dass Sir Albert Gerald ihre Schwester gewonnen hatte.

An Graces Hochzeitstag schien die Sonne strahlend. Sie war ruhig und gelassen. Als Lady Lyons sie für ihr Verhalten lobte, sagte sie ernst:

„Ich verliere nichts, lasse niemanden zurück und ich gewinne viel."

Die Herzogin küsste sie und Lady Lyons trat ein wenig vor. Sie hatte eine vage Vorstellung davon, dass sie gleichermaßen geehrt werden könnte, wurde aber enttäuscht; Es gab jedoch das vom Herzog und der Herzogin unterzeichnete Register, *das* im Zusammenhang mit ihrem Sohn der Nachwelt überliefert wurde, und das war immer eine tolle Sache.

Als die kleine Gruppe die Kirche verließ, wurden sie von Lady Penryn empfangen.

„Oh, du ungezogenes Mädchen!" sagte sie spielerisch. „Du nettes Ding! Wo warst du die ganze Zeit? Sieht sie nicht süß aus?" Er appellierte an die Herzogin, die im Weitergehen jedoch keine Notiz von ihr nahm.

Sie wurde sogar von Lady Lyons kühl aufgenommen; aber sie ließ sich nicht einschüchtern; Sie legte eine Hand auf Graces Arm und sagte:

„Das Richtige für Freunde, sich kennenzulernen; die Herzogin, meine Liebe, stellt mich vor."

„Lassen Sie mich Mr. Lyons vorstellen", sagte Grace mit großer Gelassenheit und ging mit Paul zur Kutsche.

Die verunsicherte Dame erhielt von ihrem Mann keinen Trost.

„Wenn ich nur gewusst hätte, dass sie so ein Mädchen ist", sagte sie bitter; „Ich dachte immer, sie sei ein Niemand, und die Herzogin hat sie verraten!"

„Ihr Vater war sehr freundlich zu meinem armen Jungen. Ich weiß nichts über sein Volk, aber er war ein echter Gentleman. Ich konnte nie verstehen, warum du dem Mädchen nie die geringste Beachtung schenkst. Allerdings ist die Sache jetzt erledigt und kann nicht mehr repariert werden." ."

Er erzählte seiner Frau nicht, dass er Grace ein prächtiges Armband und einen freundlichen und väterlichen Brief geschickt hatte, in dem er anbot, ihr von Nutzen zu sein.

Sie verstand es, obwohl er nichts über seine Frau sagte; und indem sie jede Erwähnung von Lady Penryn vermied, dankte sie ihm herzlich und erzählte ihm von der Herzogin und ihrer Freundlichkeit. Paul Lyons nahm seine Frau mit nach Schottland und nach Inchbrae.

Grace sah selbst die Klarheit des Meeres, die Schönheit der Farben – all den unruhigen Charme, der die Highlands so lieblich und für ihre Menschen so lieb macht.

„Ich glaube, ich weiß, warum du dich um mich sorgst", sagte sie eines Tages zu Paul, als sie einen Spaziergang gemacht hatten, sie auf dem Pony und er zu Fuß neben ihr. „Seit ich hier bin, verstehe ich, wie herrlich es ist, nie zu wissen, was mich erwartet. Wenn ich morgens aus meinem Fenster schaue, sehe ich Sonnenschein und blauen Himmel und ein Meer, in dem tausend zarte Farben verschmelzen und verschmelzen. Eine halbe Stunde später gibt es Wolken, aber alles ist still, Licht und die Sonne scheinen hinter uns zu liegen, und als nächstes kommt die Dunkelheit, das Blau verwandelt sich in Indigo, das Meer wird grau und düster. und so ist es immer neu, und niemand kann davon jemals müde werden. Nun, Paul, das ist es, was ich in deinen Augen für meinen Charme halte. Ich bin nie ganz derselbe, und deshalb hoffe ich, dass du nie müde wirst von mir!"

Margaret war weitaus besser gelaunt und sah so viel mehr wie sie selbst aus, dass Grace glücklicher mit ihr war; aber nicht ganz glücklich, sagte sie zu Paul,

„Bis etwas passiert, was passieren wird –"

„Und bis das passiert (von dem ich nichts weiß), soll ich keine Fragen stellen?"

„Du kannst Hunderte fragen – ich werde keine beantworten. Weißt du, Paul, eine Sache im Zusammenhang mit unserer Ehe hat mich schrecklich belastet, soll ich dir *das sagen* ?"

„Bitte tu es, Liebling, es sei denn, es ist etwas sehr Unkompliziertes."

„Ich habe mich immer gefragt, worüber zwei Menschen, die für immer zusammenleben müssen, jemals etwas zum Reden finden könnten. Ich hatte solche Angst, dass ich Ihr Gespräch eintönig finden würde und dass ich der Situation nicht gewachsen sein könnte."

„Ich kann Ihnen sagen, dass ich mich vor langer Zeit – bevor ich Sie kannte – oft gefragt habe, worüber verheiratete Menschen ihr ganzes Leben lang reden könnten; seit ich Sie kannte, habe ich nur daran gedacht, wie herrlich es wäre, mit Ihnen reden zu können meins", sagte Paul schlicht.

Tränen traten ihr in die Augen. „Du bist sehr gut zu mir", sagte sie; und dann gingen sie hinein.

Für Mrs. Dorriman war Grace „so nett, wie sie nur sein konnte", und das Quartett war glücklich zusammen, aber die Konsequenz der alten Zeiten hinterließ ihre Spuren in einer gewissen Zwänge. Wäre Grace krank und einsam geblieben, wäre das Herz der netten kleinen Frau mehr für sie gewesen, aber sie dachte (wie wir oft denken), dass es eine gewisse Ungerechtigkeit darin liege, dass Grace so glücklich war, während Margaret alles für sie tat (wegen …). (ihr ungeduldiges Temperament und andere Fehler) musste die Folgen eines großen Fehlers bitter spüren, den sie völlig aus einer falschen Vorstellung davon, was sie ihrer Schwester schuldete, begangen hatte.

Margaret vergaß, aber es gab viele schreckliche Momente für sie. Es ist eines der vielen Beispiele für die Kompensation, die trotz aller gegenteiligen Behauptungen im Leben die Regel ist, dass mit einer großen Gabe – der großen Gabe der Poesie und Vorstellungskraft – oft auch Morbidität einhergeht.

Der hohe Ton ist am häufigsten derjenige, der am meisten verstimmt; und die Lebendigkeit und Anmut der Fantasie – diese Kombination, die einen Dichter in seiner eigenen Welt leben lässt – hat oft ihre dunklere Seite.

Manchmal durchlebte Margaret immer noch die alten Schrecken und bildete sich immer noch ein, die Stimme ihres Kindes würde sie rufen. Sie schwieg über diese Dinge. Jeder Schmerz, den sie erlitt, würde für Grace eine Erinnerung sein. Grace, die so sanft und doch so strahlend war und die ihr jetzt so vollkommen die Schwester zu sein schien, als die sie sie sich einst vorgestellt hatte.

Mrs. Macfarlane war immer eine Freundin, die sie gerne sahen, aber Grace war es, die mit Genugtuung darüber sprach, dass sie keine Gesellschaft hatten, und vielleicht nichts überzeugte Mrs. Dorriman gründlicher davon, wie völlig verändert sie war. Sie sollten nicht lange bleiben, diese beiden; Paul hatte nicht allzu lange Urlaub und wollte seine Frau in den Süden bringen. Eines Tages, bevor sie gingen, wollte Mrs. Dorriman, die immer dieses Gefühl gegenüber Margaret und der Ungerechtigkeit hatte, die sie wegen Graces Schuld erlitten hatte, noch ein Wort sagen. Sie hielt es für richtig und war entschlossen, es zu tun.

„Ich freue mich sehr, dass du glücklich bist, Grace", begann sie am Tag vor ihrer Abreise.

„Vielen Dank, Tante. Es ist sehr nett, das zu sagen. Ich bin sehr glücklich.“

„Es scheint seltsam; natürlich wissen wir alle, dass alles, was ist, richtig ist, aber kommt es uns nicht seltsam vor, dass die arme Margaret?…“

„Was ist seltsam an der armen Margaret?“

„Dass du glücklich sein solltest und dass sie … so leiden sollte.“

„Ja, alles ist seltsam auf dieser Welt“, antwortete Grace; „Zumindest denken wir das.“

„Ich bin mir sicher, manchmal muss man das alles sehr stark spüren, auch wenn man aussieht, als ob Sorgen und Ärger einen nie berührt hätten.“

„Betrachten Sie das für mich als Verbrechen?“ fragte Grace in einem eigenartigen Ton.

„Ich frage mich manchmal, ob du dir jemals die Schuld gibst.“ Mrs. Dorrimans Ton war für sie streng.

„Ich nehme an, das ist bei uns allen manchmal der Fall.“

„Nun, es scheint schwer zu sein.“

„Dass wir uns selbst die Schuld geben sollten?“

„Du weißt, dass ich das nicht so meine.“

„Nein“, antwortete Grace sehr langsam und sah sie mit einer Art Überraschung im Gesicht an; „Ich weiß, was das alles bedeutet; Sie reden sehr schlecht um den heißen Brei herum, Mrs. Dorriman.“

„Jetzt habe ich Sie beleidigt, seit Sie mich Mrs. Dorriman nennen.“

„Sie haben mich beleidigt“, sagte Grace vehement, „weil Sie mir zugute halten, dass ich völlig herzlos und grausam bin und es mir an Zuneigung mangelt; Sie denken, dass ich es vergessen habe, weil ich jetzt glücklich bin. Ich habe nichts vergessen! Ich weiß so gut, wie Sie mir sagen können, dass mein Egoismus und meine Ungeduld und alles andere mich bis vor kurzem sehr, sehr unglücklich gemacht haben und all ihre Leiden schrecklich auf mir lasteten, aber jetzt, wo ich Glück sehe Als sie in der Ferne auftauchte, erlaubte ich mir, glücklich zu sein. Erst als ich das ganz deutlich sah, stimmte ich zu, Paul zu heiraten und selbst glücklich zu sein!“

„Glück für Margaret! Ich sehe nichts vor ihr als die ständige Trauer um ihr Kind.“

„Ich sehe noch mehr. Sie wird ihr Kind immer bereuen, aber obwohl die Erinnerung an seinen Tod so viel Bitterkeit mit sich bringt, wird sie lernen, glücklicher über seinen Verlust nachzudenken. Hat es Sie noch nie so beeindruckt? es lebte, es muss eine schreckliche Angst davor gegeben haben.

„In diesem Licht wird sie es nie sehen."

„Du liegst falsch, denn letzte Nacht habe ich gesehen, wie sie etwas gelesen hat, und ich habe gesehen, dass es sie seltsam berührt hat." Graces eigene Stimme stockte für einen Moment; Als sie sich schnell erholte, sagte sie: „Es ging um die Kurzsichtigkeit, zu tief um einen Verlust zu trauern und nicht darüber nachzudenken, dass es sich dabei um eine verschleierte Gnade handelte, die oft dem kommenden Bösen entzogen wurde. Wir redeten hinterher in der Nacht darüber und Jetzt kenne ich ihre Gedanken, Tante.

„Ich hoffe, Sie haben Recht", sagte Mrs. Dorriman und ließ das Gespräch unterbrechen.

Grace dachte, sie sollte die Nacht zuvor nie vergessen, als sie und Margaret auf eine Art altmodische Weise zusammengestanden hatten. Es war wunderbar ruhig und still gewesen; Der Mond, so hell, dass man es an seinem Licht hätte erkennen können, schien auf das Meer herab und verwandelte seine kräuselnde Oberfläche in Silber; Das sanfte Licht, das dennoch so scharfe, dunkle Schatten wirft, war auf den Hügeln. Hin und wieder ertönte das seltsame kleine Grollen von unten, wo die Wellen leise gegen die Felsen plätscherten und platschten. Diese Wellen schienen von einer zurückhaltenden Hand gehalten zu werden, sie waren so still. Ein Nachtschwärmer stieß seinen unheimlichen Schrei aus, und einige Eulen schrien; Die Bäume schienen nichts zu sagen zu haben, ihr übliches Rascheln war für einen Moment verstummt. Die Schwestern empfanden auf unterschiedliche Weise die große Schönheit des Ganzen. Margaret hatte sich näher an Grace genähert und diese streichelte sie liebevoll. Diese Nächte berührten eine reaktionsfreudige Saite in Margaret, diese wunderbare Sympathie, die zwischen einem Dichter und der Natur besteht, erfüllte ihr Herz bis zum Überfließen; und Grace, besänftigt durch die Zuneigung ihres Mannes und einer glücklicheren Zukunft, war enthusiastisch genug, um sie ein wenig herauszulocken.

Sie begann vom Himmel und von ihrem Kind zu sprechen.

„In einer solchen Nacht, Grace, herrscht unbeschreiblicher Frieden, und doch vergehen diese Einflüsse und Bedauern lastet auf einem."

„Das ist natürlich", sagte Grace leise; „Aber ich habe manchmal das Gefühl, dass das Bedauern gemildert werden muss, wenn man an ein kleines Kind denkt. Die Welt zu verlassen, bevor es versucht wurde, bevor es gesündigt hat, mit der Zukunft in dieser Welt, den Prüfungen, die alles unbekannt sind: Du Ich weiß nicht, Liebling, was es vielleicht gerettet hat.

„Sie wissen nicht, wie oft mich dieser Gedanke tröstet", sagte Margaret sehr
ernst; „Wenn es gelebt hätte, hätte es vielleicht eine ständige Angst vor einem
erblichen Fluch gegeben. Nein, was mich jetzt, in meinen traurigen
Momenten, in diesen dunkleren Stimmungen, gegen die ich manchmal
ankämpfen muss, beunruhigt, sind meine eigenen Selbstvorwürfe."

„Und meine liebe Margarete, was muss ich tun, wenn du unter
Selbstvorwürfen leidest?" fragte Grace mit aufrichtiger Trauer.

„Nicht um meine Ehe, Grace; so falsch sie auch war, sie brachte ihre eigene
Vergeltung mit sich: Aber ich mache mir jetzt bittere Vorwürfe, dass ich
nicht gegen die Position gekämpft habe, in die ich gebracht wurde Ich hatte
solche Angst davor, dass mir mein Kind weggenommen würde, und ich hätte
mich an Herrn Sandford wenden können, und das hätte ich auch getan Es
war besser für *ihn* ; aber meine Sinne schienen in allen Richtungen betäubt
zu sein; ich hatte nur für ihn gebetet; wurde mir genommen... Wenn ich nur
wüsste, dass das kleine Leben nicht der Vernachlässigung geopfert wurde,
könnte ich mich glücklicher daran erinnern, aber in dieser Angst liegt die
Bitterkeit meines Verlustes.

„Dann erinnern Sie sich vielleicht glücklicher daran", sagte Grace gefühlvoll,
„denn dieser Londoner Arzt sagte mir, dass das kleine Kind nicht hätte
gerettet werden können; es hatte etwas sehr Feines an sich und es hatte einen
sehr seltsam geformten Kopf." ."

„Dann kann ich sagen, dass Gott sehr gut ist", sagte Margaret so leise, dass
Grace sie kaum hören konnte.

Bald darauf begann sie wieder zu reden, über die Landschaft um sie herum
und über Mrs. Dorriman.

„Da ist etwas – eine gewisse Angst, die sie hat. Ich habe keine Ahnung, was
es ist, aber das Merkwürdige ist, dass sie es manchmal so völlig vergisst; dann
bringt es irgendetwas wieder vor Augen. Ich liebe sie sehr und ich wünschte,
sie wäre vollkommen." Glücklich."

„Ich denke, sie ist ein liebes altes Ding", antwortete Grace; „Aber sie erinnert
mich immer an einen Efeu oder eine Schlingpflanze, die der Wind von ihrer
Stütze geweht hat. Sie ist eine der Frauen, die jemanden haben müssen, an
den sie sich klammern kann, auch wenn dieser tyrannisch und hart ist wie ihr
Bruder."

„Dennoch war er auf seine Art freundlich zu uns."

„Ganz auf seine Art", sagte Grace verärgert.

„Ich habe eine Vorliebe für Mr. Sandford", sagte Margaret eher verträumt.

„Du hast im Allgemeinen nette Vorstellungen von den meisten Menschen, Liebling. Sag mir deine Vorstellungen.“

„Du wirst nur lachen?“

„Ich schwöre, nicht zu lachen.“

„Du magst ihn nicht mehr als ich.“

„Das glaube ich, aber weißt du, Margaret, seit ich glücklicher bin, ich meine, seit ich so viel Zuneigung von meinem Mann erfahren habe und mich nicht wie ein Boot ohne Ruder oder Ruder oder was auch immer es steuert, gefühlt habe , ich fühle mich gegenüber jedem Menschen sehr viel freundlicher — sogar gegenüber ihm. Ich bin fest davon überzeugt, dass ich ein auffallendes Beispiel überwältigender Liebenswürdigkeit werden würde, wenn mir jemand ein großes Vermögen hinterlassen würde.

„Es ist ein Problem, das ich nie lösen kann. Ich frage mich oft, ob Prüfungen oder Wohlstand die Menschen am besten weicher machen.“

„Es kommt auf das Material an; nichts würde dir schaden; aber für mich bin ich eine Art Säure, und mehr Säure macht mich zu einem Sprengstoff.“

„Meine Vorstellung von Herrn Sandford ist, dass er einmal in seinem Leben, vielleicht als er noch recht jung war, unter einer schrecklichen Ungerechtigkeit gelitten hat, und zwar auf grausame Weise.“

„Ein weiterer Fall von Säurevermischung und Explosion“, sagte Grace lachend; „Er ist in einem ständigen Zustand des Aufbrausens.“

„Nein, aber im Ernst, Grace, er hat viel Gutes in sich, und seine Hingabe an seine Frau zeigt, dass er irgendwo warme Zuneigung hegt, und er war immer freundlich zu mir.“

„Du gewinnst jeden, sogar Paul. Ich weiß genau, dass du seine erste große Leidenschaft warst, und seltsamerweise bin ich nicht eifersüchtig.“

„Wer spricht von Eifersucht?“ sagte eine Stimme von unten, und Paul kam mit fast leerer Zigarre unter das Fenster.

„Ich sage nur, Liebes“, sagte Grace mit ihrem sanftesten Akzent, „dass ich *nicht* eifersüchtig bin, obwohl du einst unsterblich in Margaret verliebt warst.“

Und lachend flüchtete Grace in ihr eigenes Zimmer. Margaret blieb am Fenster. Sie war berührt von dem, was Grace ihr über ihr Kind erzählt hatte; Ja, es ist besser, es hier verloren zu haben, als es dort gesehen zu haben ...

Und Grace war wirklich sehr glücklich. Paul war äußerst freundlich und gutherzig, und er hatte jetzt mehr Männlichkeit an sich, als sie es jemals für möglich gehalten hätte; Und doch, sagte sie sich, müssten höhere Eigenschaften vorhanden sein, damit sie ihr ganzes Herz hingeben und eine solche Zuneigung für irgendjemanden empfinden könne, wie Grace sie für ihren Mann empfand.

Sie musste mehr nach oben schauen, sie brauchte Hilfe und jemanden, in dem sie ein besseres und edleres Selbst finden konnte.

Und in den mildernden Einflüssen dieser Stunde und dieser Szene stieg eine lebhafte Röte in ihr Gesicht, und sie sagte sich, dass bereits eine da war; und dass ihr Herz, so zerschlagen es auch gewesen war und so grausam sie gelitten hatte, nicht hoffnungslos verbittert war. Sie wusste, dass sie lieben konnte, und dann seufzte sie. Große Tränen traten ihr in die Augen und rollten langsam unkontrolliert über ihr Gesicht, ein plötzlicher Schauer der Leidenschaft und der Hoffnung durchfuhr ihren Körper und sie wusste, dass sie liebte!

Am nächsten Morgen trennte sie sich von Grace, aber es war ein Abschied, bei dem sie keinen Kummer aufkommen ließ.

Sie verwirrte Mrs. Dorriman völlig, indem sie zu ihr sagte: „Ich hoffe, Sie werden mir bald sehr gute Nachrichten überbringen können.“

„Worüber, mein Lieber?“ und das Gesicht der armen Frau Dorriman drückte völlige Verwirrung aus.

„Über alles im Allgemeinen“, sagte Grace; „Kümmere dich jetzt nicht darum, es zu verstehen, eines Tages wirst du es tun; und es wird alles gut werden.“

Als sie und Paul ein letztes Mal zum Abschied zugewinkt hatten, stand Mrs. Dorriman da und schaute aus dem Fenster, bis die Kutsche nur noch ein Fleck am Horizont war.

„Ich frage mich, was Grace meinte, Margaret, meine Liebe? Sie sagt manchmal so seltsame Dinge. Hast du gehört, was sie gerade zu mir gesagt hat?“

„Ich glaube nicht, dass ich genau weiß, was du meinst, liebe Tante; Grace sagt so viele seltsame Dinge.“

„Sie hoffte, ich würde ihr bald sehr gute Nachrichten schicken können. Nun, meine Liebe, welche Neuigkeiten kann ich ihr von hier aus schicken? Das ist wirklich ein sehr seltsames Sprichwort und ich bin ziemlich verwirrt.“

„Verwirren Sie sich nicht; Grace sagt oft Dinge, die keine Bedeutung haben.“

„Aber was denkst du, Margaret? Du kennst sie so viel besser als ich. Woran denkst du gerade?“

„Ich frage mich, ob es regnen wird“, sagte Margaret und wandte sich lachend
ab.

„Als ob ich über das Wetter gesprochen hätte“, sagte die arme kleine Frau.
Aber Margaret hatte den Raum verlassen.

KAPITEL IX.

Heutzutage wird auf einer Reise zwischen dem Norden Schottlands und dem Süden Englands wahrscheinlich nichts passieren, was die Gelassenheit eines Menschen trüben könnte, es sei denn, Abenteuer nehmen die unangenehme Form von Unfällen an.

Grace, die den ganzen Weg über sorgsam geschätzt wurde, reiste mit höchster Zufriedenheit. Sie sah in der Ferne, nicht weit entfernt, Glück für Margaret. Sie liebte ihren Mann von Tag zu Tag mehr, als Gegenleistung für die Zuneigung, die er ihr entgegenbrachte, und sie hatte keine der Ängste, die ihr einst nicht fremd gewesen waren.

Es gab nur eine Wolke am Horizont, und der einzige Nachteil ihres vollkommenen Glücks lag in dieser Tatsache. Wenn es größer würde, könnte es ihr Glück bis zu einem gewissen Grad beeinträchtigen, und die Angst, dass es so weit kommen könnte, beunruhigte sie, als sie daran dachte.

Es sei daran erinnert, dass weder Margaret noch sie selbst bei der ersten Bekanntschaft eine sehr hohe Meinung von Herrn Paul Lyons gehabt hatten; tatsächlich hatte Margaret viel zu tun gehabt, um glücklich daran zu denken, dass er Graces Ehemann sein würde; Als sie ihn dann noch näher kennenlernte, wuchs ihr nicht nur die Sympathie für ihn, sondern sie erkannte auch, dass in dem jungen Mann viel Verdienst steckte, und sie war dankbar, dass ihre Schwester in solch ausgezeichnete und freundliche Hände gefallen war.

Grace war durch seine Zuneigung zu sich selbst und durch die große Bewunderung, die sie hervorrief, gewonnen worden, aber sie schätzte seinen Charakter nicht besonders, und diese Tatsache störte sie nicht im Geringsten. Sie empfand die Ideen ihrer Schwester immer als „hochfliegend“ und hätte, wenn man sie gefragt hätte, geantwortet, dass ihr Mann nichts sehr Großes an Intellekt oder Gefühl anstrebte, sondern dass er dafür völlig genug hatte Arbeitsalltag und mehr als genug für *sie* . Daher war es für sie täglich eine Überraschung, dass ihr Mann selbst in kleinen Dingen einen viel höheren Standard hatte als sie. Diese Entdeckung war verblüffend; Sie hatte das Gefühl, dass sie aufpassen musste, damit sie seine gute Meinung nicht verspielte. Dann erzählte er eines Tages von Margaret und davon, dass sie sich von jedem Penny des Geldes ihres Mannes getrennt hatte, und Grace lachte ein wenig darüber. Sie war erstaunt darüber, wie er es betrachtete; er war ziemlich vehement dabei.

„Ich kann es auf deine Art nicht sehen“, hatte Grace gesagt. „Es scheint mir, dass die arme Margaret, als sie den Mann heiratete, jedes Recht darauf hatte, was auch immer er ihr hinterlassen wollte.“

„Es tut mir leid, dass Sie das sagen, auch wenn es nur Spaß macht (ich weiß, dass Sie es nicht ernst meinen). Ich hätte Margaret nie auf die gleiche Weise sehen können, wenn sie sich anders verhalten hätte."

„Aber, Paul, *warum* ? Margaret hat schrecklich gelitten und sich wie ein Engel benommen. Warum sollte sie keinen Nutzen daraus ziehen?"

„Es ist keine Sache, worüber man streiten kann, es ist eine Sache, die man fühlt", antwortete er; „Und es tut mir sehr leid, Liebling, dass du so tust, als würdest du anders denken." Das war angenehm; Dann fuhr Paul fort: „Ich kann ihre Beweggründe selbst nicht ergründen. Aber die Art und Weise, wie ich die Geschichte ihres Lebens lese, ist, dass sie aus irgendeinem Grund bestrebt war, ein Zuhause für dich zu schaffen – so hast du mir erzählt –, als sie in die Stadt stürzte Ich schätze, sie hatte die gleiche Unabhängigkeit wie du. Als sie dann herausfand, was sie getan hatte, setzte sich ihre bessere, höhere Natur durch , und sie hat das Geld verschenkt.

„Halten Sie es wirklich für falsch, vom Geld dieses Mannes in irgendeiner Weise zu profitieren?" fragte Grace, die schrecklich bei Bewusstsein war und sich äußerst unwohl fühlte; „Angenommen, Paul – nur angenommen – ich hätte davon profitiert, hätten Sie mir dann die Schuld gegeben?"

„Stellen Sie keine so absurden Fragen", antwortete er scharf; „Es sieht Ihnen nicht im Geringsten ähnlich, so etwas getan zu haben. Können Sie nicht erkennen, dass es in gewisser Weise fast wie Blutgeld ist? Stellen Sie sich vor, Sie wären für so etwas der Bessere! Ich glaube, das Geld würde einen Fluch und keinen Segen mit sich bringen!"

Grace verspürte einen heftigen und jämmerlichen Anflug von Selbstvorwürfen; Sie hatte jetzt Angst, dass ihr Mann es herausfinden könnte, und sie wusste, dass der Verlust seiner Wertschätzung für sie schrecklich sein würde. Er und Margaret dachten so ähnlich; Was konnte sie tun?

Seine Ernennung war ein paar Hundert pro Jahr wert, und die sechshundert pro Jahr, die sie hatte, wurden bei der Begleichung ihrer Ausgaben angerechnet.

Immer wenn von der Zukunft gesprochen wurde, verfolgte sie dieser elende Gedanke. Als Paul ihr riet, sich etwas zu besorgen, wenn es um Geld ging, lag dieser eine ständige Druck auf ihrem Kopf, und das Merkwürdige für sie war, dass sie jetzt anfing, ein wenig so zu sehen wie er, und sie jetzt nicht verstehen konnte wie sie sich damit abgefunden hatte, es anzunehmen, wie sie ihr Recht auf dieses Geld so selbstgefällig hätte einfordern können.

Paul hatte ihr einen Heiratsantrag gemacht, da er sie für mittellos gehalten hatte, und das kleine Vermögen war eine freudige Überraschung gewesen. Wie sehr wünschte sie sich jetzt, dass sie nie etwas damit zu tun gehabt hätte!

Aber sie konnte keinen Ausweg finden. Sie wusste, dass Margaret auf Dinge verzichten und ihr helfen würde, wenn sie mit Margaret sprechen würde, aber gerade aus diesem Grund konnte sie nicht mit ihr sprechen.

Paul sah, dass seine Frau nicht ganz so klug war wie sonst, aber er glaubte, sie sei müde und voller zärtlicher Fürsorge. Jede Aufmerksamkeit, die er ihr schenkte, jedes freundliche Wort, das er aussprach, bereitete ihr einen zusätzlichen Schmerz.

Sie schliefen während der Reise zwei Nächte, da Grace immer vorsichtig sein musste, und eine Stunde nach London stieg Mr. Stevens in die Kutsche.

Grace sah ihn mit einigen Bedenken eintreten. Ihr kam der schreckliche Gedanke, dass er sich vielleicht auf irgendeine Weise auf Investitionen beziehen könnte oder auf etwas, das ihren Mann dazu veranlassen könnte, Nachforschungen anzustellen. Sie konnte nur antworten, indem sie die Wahrheit sagte. Zu ihrer großen Erleichterung sagte Paul: „Da Sie jetzt jemanden zum Reden haben, gehe ich rauchen", und ließ sie mit diesen Worten bei Mr. Stevens zurück.

Grace hatte das Gefühl, jetzt oder nie sei ihre Chance. Bevor Mr. Stevens sich umsehen konnte, schüttete sie ihre Sorgen mit einer Schnelligkeit und Heftigkeit aus, die ihn in Erstaunen versetzte. Als er es endlich begriff, ließ er sich ganz auf die Sache ein.

„Ihr Mann hat völlig recht; ich sollte das gleiche Gefühl haben", sagte er.

„Das macht es für mich noch schlimmer", sagte Grace und errötete, „aber vielleicht hattest du nie meine Versuchung; du warst nie von anderen abhängig – fast mittellos."

„Mittellos, ja! Abhängig, nein!" Er antwortete: „Da ich für meinen Lebensunterhalt arbeiten könnte."

„Mr. Sandford bestimmte mein Schicksal und das von Margaret", antwortete Grace, „und daran wurde nie gedacht; aber ich wünschte – oh! wie ich wünschte – ich wüsste, was zu tun ist. Würde er mir helfen?"

„Herr Sandford ist die einzige Person, die Ihnen helfen könnte", sagte Herr Stevens; „Ein offener Appell an ihn könnte viel Gutes bewirken, und mein Rat an Sie ist, Ihre Sorgen nicht vor Ihrem Mann zu verbergen; lassen Sie es ihn wissen; je weniger Geheimnisse zwischen verheirateten Menschen, desto geringer ist die Wahrscheinlichkeit, dass sie jemals anderer Meinung sind."

„Eines Tages werde ich es ihm sagen", antwortete Grace, „aber ich habe mich Mr. Sandford gegenüber sehr schlecht benommen – er hat keinen Grund, mich zu lieben."

„Er ist ein Mann, gegen den man viel zu kämpfen hat, aber er ist ein großzügiger Mann. Er ist nie nach Geld neidisch, und er kann nur sagen, dass er nichts tun kann. Ich hoffe, Sie sind in Inchbrae gut weggekommen", sagte er entschlossen sich vom Thema abwenden.

„‚*Alle*' bestehend aus Mrs. Dorriman und meiner Schwester", lachte Grace und sammelte sich, sobald ihr Problem außer Sichtweite war.

„Ah! Ich fahre nächste Woche dorthin, um Mr. Sandford zu treffen; es gibt noch etwas zwischen uns zu vereinbaren."

„Dann", fragte Grace, „konnten Sie nicht etwas für mich sagen? Könnten Sie nicht für mich mit Mr. Sandford sprechen?"

„Das könnte ich sicherlich, aber Mr. Sandford mag mich nicht, und was kann er schließlich tun, um einfaches Englisch zu sprechen, Mrs. Lyons? Es gibt nur eine Möglichkeit, wie er Ihnen helfen kann. Wenn er sich dafür entscheidet, Ihnen Ihr Geld zu zahlen Einkommen aus eigener Tasche oder die Zahlung von fünfzehntausend Pfund auf Ihr Konto. Wenn Sie von Hilfe sprechen – was ein äußerst vages Wort ist –, sollten Sie es in seine praktische Form bringen.

„Dann ist alles zu Ende", rief Grace und lehnte sich verzweifelt in die Kissen zurück.

„Ich stimme Ihnen nicht ganz zu", antwortete er, „ich wollte nur, dass Sie die praktische Seite der Frage sehen; es hat keinen Sinn, wenn ich zu einem Mann wie Mr. Sandford gehe und wenn er die Frage stellt: ‚ *Was?*' Erwartet *sie, dass ich etwas tue?*

„Ich kann ihn nicht bitten, mir fünfzehntausend Pfund zu geben, das ist unmöglich!" sagte Grace und errötete angesichts des knappen Tons von Mr. Stevens.

„Sie brauchen ihn um nichts zu bitten; aber Hilfe bedeutet in diesem Fall Geld – wie es im Allgemeinen der Fall ist; überlassen Sie ihm die Summe, aber Sie müssen verstehen, was es bedeutet, wenn Sie die Welt ‚Hilfe' verwenden. Ich wollte Sie nur vorbereiten dafür."

„Danke", sagte Grace, deren Hoffnungen nun tatsächlich sehr tief gesunken waren.

Sie saß einige Augenblicke schweigend da und blickte dann auf und sagte: „Angenommen, Sie sprechen mit Frau Dorriman, sie kann ihrem Bruder viele Dinge sagen, die kein anderer kann, und sie versteht immer."

„Ja", sagte Mr. Stevens in einem seltsamen Tonfall, „ich stimme Ihnen zu, sie versteht die meisten Dinge."

"Wann gehst du dort hin?"

„Am Donnerstag, hoffe ich; und jetzt, Frau Lyons, bevor wir uns trennen, lassen Sie mich wissen, wie ich mit Ihnen kommunizieren soll."

"Kannst du mir schreiben?"

„Das ist nicht ganz unmöglich; aber wenn Ihr Mann davon nichts erfahren soll, kann es meiner Meinung nach zu Komplikationen führen, wenn ich Ihnen in geschäftlichen Angelegenheiten schreibe – er soll nun alles über Ihr Geschäft wissen."

„Sie verstehen nicht, Mr. Stevens, er – mein Mann – stellt nie irgendwelche Fragen. Ich habe ihm lediglich gesagt, dass es mir gelungen sei, fünfzehntausend Pfund zu gewinnen; er war sehr überrascht und erfreut, nehme ich an, aber damit war die Sache erledigt. Mr .Sandford hat alle Geldangelegenheiten für mich geregelt, und das Geld wurde auf mich und dann auf meinen Mann abgerechnet.

„Das verkompliziert die Sache natürlich. Sie haben nicht die Macht, auf das Geld zu verzichten, das ihm zusteht; ich sehe keinen Ausweg."

„Sprechen Sie mit Mrs. Dorriman", flehte Grace, „sie hat eine große Meinung von Ihnen, und wenn Sie ihr die Angelegenheit vorlegen, könnte etwas unternommen werden."

„Ich rate Ihnen immer noch, es Ihrem Mann zu sagen", sagte Herr Stevens; „Denken Sie daran, dass jede Verzögerung um einen Tag das Geständnis danach schwieriger macht. Andererseits: Weiß Lady Lyons nichts davon?"

„Ich glaube nicht, dass sie das tut", aber während sie sprach, fühlte sich Grace sehr unwohl. Sie bat Mr. Stevens noch einmal, mit Mrs. Dorriman zu sprechen, und als Paul wieder in die Kutsche stieg, konnte sie nur darauf vertrauen, dass ihre Überredung erfolgreich gewesen war.

Niemand kann sich jedoch vorstellen, wie schwer diese Angst vor Entdeckung auf ihr lastete. Jedes Mal, wenn Paul zurückkam, wenn er allein draußen gewesen war, war ihr Gesichtsausdruck, als er erschien, ängstlich – wusste er das? Wurde irgendetwas gesagt, was ihn misstrauisch machte?

„Ich fange an zu befürchten, dass du meiner überdrüssig bist", sagte er eines Tages; „Wenn ich jetzt nach Hause komme, siehst du nie im geringsten erfreut aus, mich zu sehen."

„Das freut mich, mein Lieber. Bitte lassen Sie sich keine Fantasien einfallen."

„Nun, ich wünschte, du würdest es etwas mehr zeigen; ich sehne mich danach, dich loszuwerden – du bist viel weniger energisch als noch vor einiger Zeit. Die Art und Weise, wie du an meiner Mutter festhältst, ist ganz anders als du. Ich mag sie schrecklich gern." Sie und all das, aber ich mag es, dich ein bisschen allein zu haben, und sie übrigens auch.

Grace wurde abwechselnd rot und weiß. Sie wusste, dass sie unter einer durch Angst hervorgerufenen Reizbarkeit litt. Sie war im Wesentlichen eine Person, die weder körperliche Ermüdung noch geistige Ängste ertragen konnte.

„Was kannst du deiner Mutter sagen, damit ich es vielleicht nicht höre?" fragte sie mit einer gewissen Schärfe im Tonfall, die ihn überraschte. Er sah sie aufmerksam an, und das schien ihr noch mehr zu missfallen. Zu seinem grenzenlosen Erstaunen brach sie in Tränen aus und weinte mit einer Art jämmerlicher, hilfloser Heftigkeit, die ihn unendlich betrübte.

„Mein Liebling! Kannst du mir nicht sagen, was los ist?" Er sagte: „Denn da *stimmt* etwas nicht, du bist nicht du selbst. An wen kannst du dich wenden, wenn du Sorgen oder Nöte hast, sowie an deinen Mann? Hast du kein Vertrauen zu mir?"

„Nicht", schluchzte sie, „du machst mich nur noch schlimmer!"

Er war zutiefst verletzt, nicht so sehr durch ihre Worte, sondern durch die Art, wie sie vor ihm zurückschreckte.

Lady Lyons ließ ihre Stimme im Flur hören und fragte, ob ihr Sohn da sei, und Grace entriss Paul ihre Hand und stürzte durch eine Tür aus dem Zimmer, als ihre Schwiegermutter durch die andere hereinkam.

Paul war ein liebevoller Sohn, aber in diesem besonderen Moment hätte er lieber Zeit gehabt, herauszufinden, was mit seiner Frau los war, und er war so vertieft, dass seine Mutter ihm eine Tatsache erzählte, die für sie sehr interessant war und worüber sie nachdachte hätte für ihn genauso interessant sein sollen, ohne dass er es verstanden hätte.

„Mein *lieber* Paul", sagte sie schließlich, „du kümmerst dich überhaupt nicht um mich!"

„Ich bitte um Verzeihung, Mutter, ich glaube, ich habe gehört, was du gesagt hast."

„Über den Arzt, Paul?"

„Ich denke schon", antwortete er und versuchte, sich an ihre Worte zu erinnern.

„Nun, sehen Sie, in diesem Fall muss ich mir noch einen besorgen."

„Eine sehr gute Sache, würde ich sagen.“

„Paul! Der Tod eines bedeutenden Mediziners ist kein Grund zur Freude.“

„Oh! Er ist tot. Wer ist tot, Mutter?“

„Dr. Dickson, und Sie sagten, Sie hätten gehört, was ich gesagt habe. Oh! Paul.“

„Nun, ich höre es jetzt, und ich glaube nicht, dass ich jemals zuvor den Namen von Doktor Dickson gehört habe.“

"Danach!" sagte Lady Lyons und warf ihre Hände hoch; „Er war der einzige Mann – der einzige Mann, der meine Verfassung ganz verstand.“

„Nun, es tut mir leid, dass er tot ist, wenn er dir nützlich war, Mutter, aber seit ich mich erinnern kann, geht es dir weder besser noch schlechter. Würde es dir etwas ausmachen, wenn ich dich für einen Moment verlasse? Ich fürchte, Grace ist es nicht gut."

Er verließ sie und machte sich auf die Suche nach seiner Frau.

Grace hatte sich wieder erholt und warf ihm vor, „einen Aufruhr“ gemacht zu haben.

„Du weißt, dass ich nicht stark bin“, sagte sie, „und mich leicht auf und ab bewegen lässt. Ich bin wie ein Federball, und manchmal, Paul, habe ich das Gefühl, dass wir uns nicht so ähnlich sind, wie wir dachten.“

„Jetzt hast du mich noch mehr verletzt und geärgert“, sagte er in einem Ton echter Verärgerung. „Welche Entdeckungen werden Sie als Nächstes machen? In welcher Hinsicht bin ich Ihnen unterlegen? Ich weiß, in vielerlei Hinsicht bin ich es, aber was möchte ich heute besonders?“

„Mein Untergebener!“ sagte Grace mit plötzlicher Leidenschaft; „Ich fühle mich in allen Dingen unter dir – im Prinzip in allem.“

Sie bedeckte ihr Gesicht mit ihren Händen.

„Ich kann dich nicht verstehen, Liebes“, sagte er freundlich; „Und wenn Sie nicht sagen wollen, was das alles bedeutet, lassen Sie es sein. Aber ich hatte gehofft, dass Sie gelernt haben, sich mir anzuvertrauen, und ich bin enttäuscht. Meine Mutter ist da, machen Sie, was Sie wollen, wenn Sie sie sehen“, sagte ich Dir ging es nicht gut.

„Mir geht es gut“, sagte sie und warf gleichzeitig ihre Depression und ihre Reue ab. „Geh zu deiner Mutter, Paul. Es tut mir leid, dass du etwas darüber gesagt hast, dass es mir nicht gut geht, es war nur ein vorübergehendes Unwohlsein.“

Er ließ sie nicht ganz zufrieden zurück, wusste aber, dass es sinnlos war, sie noch weiter zu drängen.

Lady Lyons sprühte vor mütterlichem Mitgefühl und war auf eine Weise aufgeregt, die Grace für nahezu unerträglich hielt und der sie vor nicht allzu langer Zeit unbarmherzig ein Ende gesetzt hätte.

Aber Pauls Mutter war für sie eine andere Person als die Lady Lyons, die sie früher gekannt und über die sie gelacht hatte, und sie ertrug ihre Aufmerksamkeiten mit aller möglichen Geduld.

Das Trio setzte sich zum Abendessen mit den gedämpften Gefühlen, die normalerweise auf einen vergangenen Sturm hinweisen.

Lady Lyons ärgerte sich über Pauls offensichtliches mangelndes Interesse an ihren Ärzten; und Grace war erschöpft und ärgerte sich darüber, dass sie nachgegeben hatte, wie sie es getan hatte; während Paul, während er versuchte, sich mit seiner Mutter zu unterhalten, einen schmerzlichen Eindruck über seine Frau verspürte, den er nicht abschütteln konnte.

Die Atmosphäre war daher zunächst nicht sehr klar; und die arme Lady Lyons, die den subtilen Zwang spürte, der irgendwie zwischen Mann und Frau entstanden war, warf auf einmal einen Sprengstoff, gerade als Grace es am wenigsten erwartet hatte.

„Es wird dich interessieren, meine Liebe, dass ich, bevor ich hierher kam, das Grab deiner kleinen Nichte besichtigt habe. Ich fand es gut gepflegt, mit Blumen und allem, was du weißt.“

„Es interessiert mich nicht besonders“, antwortete Grace sehr träge. „Ich habe das arme kleine Ding nie gesehen, und alles, was mit dieser Zeit zusammenhängt, ist für mich so verabscheuungswürdig, dass ich mich nie freiwillig daran erinnern kann.“

„So wie die Dinge liegen, ist das nicht ein wenig undankbar, meine Liebe? Und er verdient Ihre Dankbarkeit – der arme Mr. Drayton!“

„Wofür muss Grace diesem unglücklichen Mann dankbar sein?“ fragte Paul mit sehr schwacher Neugier.

„Das Geld, meine Liebe, das Vermögen; das weißt du doch sicher?“

„Ich vertraue meiner Schwester mein Geld“, sagte Grace trotzig.

„Ah! Aber, meine Liebe, wenn er es nicht deiner Schwester hinterlassen hätte, hätte sie es dir nicht geben können!“ sagte Lady Lyons, jetzt ganz sicher, dass sie den Fall überzeugend dargelegt hatte.

Grace wurde weiß wie Marmor; sie wagte nicht, Paul anzusehen. Sie nahm all ihre Kraft zusammen und sagte:

„Es macht einen großen Unterschied, Geld von meiner Schwester zu nehmen und es von Mr. Drayton zu nehmen."

„Ich sehe keinen Unterschied", sagte Paul in einem kalten, harten Ton, den sie ihm nicht zugetraut hatte.

"Dort!" sagte Lady Lyons. „Paul wird dich vielleicht überzeugen – denn das Geld ist an dich gekommen …"

„Lassen Sie das Thema in Ruhe, Lady Lyons – es ist mir zuwider!"

„Aber, mein Lieber, das ist nur eine Laune. Ich bin mir ziemlich sicher, dass Paul mir zustimmt."

„Ich hasse das Thema auch", sagte Paul wütend; und die arme Lady Lyons, die sich überhaupt nicht darüber im Klaren war, wie sie es geschafft hatte, die Dinge unangenehm zu machen, sah, dass sie es getan hatte, und begann sich zu entschuldigen.

Aber Pauls Gesichtsausdruck und der Abscheu, den sie in seinem Gesicht sah, waren zu viel für Grace, so erschöpft sie auch war von der Sorge, die genau dieses Thema ihr bereitet hatte, und sie stand auf, versuchte zur Tür zu gehen und fiel in die Tür ihres Mannes Ihre Arme fielen in Ohnmacht – es fiel ihnen schwer, sie wieder aufzuwecken.

Paul hatte Mitleid mit ihr und war sehr besorgt. Er hatte sie leiden sehen, aber er hatte noch nie erlebt, dass sie so ohnmächtig wurde.

Für den Moment und bis sie sich erholte, war alles vergessen; Doch als sie wieder zu sich kam, sah Grace, dass sie ihrem Mann in die Augen gefallen war, und weinte bittere Tränen, als er sich abwandte.

Ja, sie war gefallen. Wie oft hatte es Gelegenheiten gegeben, bei denen man ihm die Wahrheit hätte sagen können! Wie völlig hatte sie ihn im Dunkeln gelassen! Er war verärgert, und es lag nicht in seiner Macht, irgendwelche mildernden Umstände zu sehen. Wenn sie es für richtig hielt, vom Geld dieses Mannes zu profitieren, warum hätte sie es dann nicht offen gesagt sagen? Was hinderte sie daran, zu sagen, was der Fall war, als er in einem Gespräch über Margaret seine Meinung geäußert hatte?

Mit der Empörung über die Art und Weise, wie er behandelt worden war, vermischte sich auch die bittere Tatsache, dass sie so viel ärmer sein würden, als er sich vorgestellt hatte, denn natürlich sollte das Geld zurückgehen. Es war der Preis für Margarets Glück, und er wollte nichts davon haben.

Lady Lyons brachte ihn an diesem Abend mit den besten Absichten fast in den Wahnsinn.

Es ist wunderbar, welche Reizbarkeit sehr wohlmeinende Menschen besitzen, wenn sie mit stumpfen Wahrnehmungen und begrenzter Intelligenz ausgestattet sind.

Einige Tage vergingen. Zwischen den beiden, die bisher so glücklich gewesen waren, herrschte ein ständiger Zwang. Dann kam der Tag vor ihrer Abreise.

Grace lag zurückgelehnt in einem Stuhl, sah blass und müde aus, und ihr Mann schrieb.

Plötzlich blickte er auf und sagte kurz:

„Grace, dieses Geld muss aufgegeben werden.“

„Ja“, sagte sie und er glaubte ein leises Schluchzen zu hören.

„Wie kannst du dich darum kümmern, es zu behalten!“ sagte er und versuchte seine Gefühle zu unterdrücken, weil es ihr offensichtlich so schlecht ging.

„Es ist mir wichtig, es zu behalten! Wenn du nur wüsstest, wie ich mich dafür hasse, dass ich mich jemals darum gekümmert habe! Paul, erinnerst du dich, dass du so gewalttätig warst – so stark darüber gesprochen hast. Es hat mir den Mut genommen. Ich konnte es dir nicht sagen, und es.“ hat mich so elend gemacht!“

„Aber warum wurde ich von Anfang an darüber im Unklaren gelassen?“ fragte er und versuchte immer, sich zu beherrschen. „Warum wurde es als Vermächtnis bezeichnet?“

„Es gab keinen Grund, warum du es zunächst nicht hättest wissen sollen. Ich beschrieb es deiner Mutter als ein Vermächtnis (es wurde zunächst Margaret überlassen); es ersparte Erklärungen, und ich wollte nicht, dass sie es wusste. Sie haben nie nachgefragt, wie das Geld zu mir gekommen ist. Wenn Sie eine direkte Frage gestellt hätten, wäre ich gezwungen gewesen, Ihnen die Wahrheit zu sagen.

„Ich sehe keinen Unterschied“, sagte er noch einmal.

Er war furchtbar verärgert; Das Ganze war ein Schock für ihn, und er ärgerte sich umso mehr, als er sich darüber im Klaren war, dass die Erhöhung seines Einkommens erfreulich gewesen war und ihnen den Weg so sehr geebnet hatte.

Wie könnte er sich ohne sie Graces extravagante Gewohnheiten leisten? Er wusste, dass das Geld aus seiner eigenen Anstellung nicht ausreiche, und selbst er hatte seiner Mutter davon etwas gegeben. Wenn er es ihr jetzt erklärte, wie könnte er es erklären, ohne seine Frau zu verletzen und zu zeigen, dass zwischen ihnen kein vollkommenes Vertrauen bestanden hatte?

Trotz all dieser Überlegungen dachte er keinen Augenblick daran, das Geld zu behalten. Für ihn war es der Preis für Margarets Glück, und er überlegte nun, wie er seiner Mutter etwas sagen konnte, ohne auf Einzelheiten einzugehen, die für ihn so schmerzhaft sein würden.

Er wandte sich noch einmal von seiner Frau ab und sagte noch einmal, wie er es schon zuvor gesagt hatte:

„Das Geld muss zurück."

Grace war sehr unglücklich. Sie hatte gelernt, ihren Mann zu lieben und fand in seiner Direktheit und einer gewissen Stärke, die sie in seinem Charakter nicht erwartet hatte, viel hilfreiches. Als sie ihn geheiratet hatte, hatte sie geglaubt, dass sie in allen wichtigen Dingen der Leitstern sein würde. Er dachte langsam, und sie schätzte ihre eigene Schnelligkeit übertrieben; Diese Position, eine Art „Triton unter Elritzen" an einer Schule zweiter Klasse zu sein, beeinflusste sie immer noch tödlich, und zu fallen, wie sie gefallen war, war für sie eine bittere Demütigung. Sie setzte sich nun hin, um an Margaret zu schreiben, und während sie schrieb und die Gefühle ihres Mannes wiederholte, begann sie, die Dinge mehr so zu sehen wie er.

In der Zwischenzeit hatte der arme Paul eine sehr schwierige Aufgabe vor sich. Er musste seiner Mutter ohne Erklärung klarmachen, dass sein Hilfsversprechen, ihr Einkommen regelmäßig zu erhöhen, nicht eingehalten werden konnte.

Lady Lyons hörte das mit Bestürzung, in der eine gewisse Verärgerung über ihn, weil er falsche Hoffnungen geweckt hatte, deutlich sichtbar war.

„Ich habe einen Lakaien engagiert", sagte sie hilflos; „Und jetzt muss ich ihn wegschicken. Es wird so seltsam aussehen."

"Es tut mir sehr leid."

„Es wäre natürlich anders gewesen, wenn du nichts darüber gesagt hättest. Dann verstehst du ganz gut, Paul, dass ich *dann* nichts zu beanstanden gehabt hätte."

Paul hat es durchaus verstanden. Er ging so schnell er konnte, ging in seinen Club und betrat ihn mit dem Gefühl, häusliche und andere Probleme hinter sich gelassen zu haben, was das Clubland für diejenigen, die es nicht kennen, beneidenswert macht.

Aber dort kam ihm die Erinnerung an seine verringerten Ressourcen in den Sinn. Ein Freund bat ihn, sein Abonnement abzugeben, um der Familie eines gemeinsamen Freundes zu helfen. Paulus musste mit großem Widerwillen sagen, dass er bei nochmaligem Überlegen feststellte, dass er es nicht schaffen könne. Das war doppelt schwierig, da er selbst im vollen Bewusstsein eines guten Kontostands auf die Idee gekommen war.

Ein kluger Mann hätte einfach die Tatsache zum Ausdruck gebracht, dass es ihm weniger gut ging, als er erwartet hatte, und diese Tatsache wäre als ausreichende Entschuldigung angesehen worden; aber Paul Lyons war nicht schlau, und er zögerte, murmelte etwas darüber, dass er nicht sein eigener sei, und machte auf seine Freunde direkt einen ungünstigen Eindruck.

Manieren sprechen so oft deutlicher als Worte.

Sogar dieser Zufluchtsort schien seinen Charme verloren zu haben, nachdem dieser unerwartete Ärger aufgetaucht war.

Er selbst konnte nichts tun, um sich dieses Geldes zu entziehen, da es nicht ihm gehörte, sondern seiner Frau gehörte. Er machte einen langen Spaziergang am Ufer entlang, und in der Stimmung, in der er war, war es ganz natürlich, dass die Vergangenheit mit all ihren Torheiten und den vielen dummen und falschen Dingen, die er getan hatte, als er jünger war, vor ihm auftauchte. Welches Recht hatte er, seine Frau so streng zu verurteilen? Seine und ihre Versuchungen waren unterschiedlich; War sein Niveau so viel höher als ihres, weil er den Mangel an Geld nicht so gespürt hatte wie sie? Er hatte das Gefühl, dass er sich unfreundlich verhalten hatte, und eilte zurück zu dem Hotel in der Brook Street, in dem sie erneut wohnten. Er würde sich entschuldigen, und obwohl er das Geld nicht behalten konnte und hoffte, sie würde es hergeben, hatten sie immer noch genug zum Auskommen; – wenn ihr Brot keine Butter hätte, gäbe es trotzdem Brot.

Er kam müde an und wurde von seiner Mutter konfrontiert, die in einem Zustand bitterer Verzweiflung und mit tränenverschmiertem Gesicht verkündete, dass Grace gegangen sei!

Was war passiert? Vergeblich versuchte er, Lady Lyons dazu zu bringen, ihm in vernünftiger Weise etwas über den Weggang seiner Frau zu erzählen.

Aus Angst vor der Wut ihres Sohnes, verwirrt über Graces plötzlichen Weggang, gerieten die Gedanken der armen Dame in ein Durcheinander, aus dem sie sich nicht befreien konnte; und ihr Sohn, der es gewohnt war, ihre Aussagen zu sichten, konnte jetzt nichts daraus machen. Plötzlich zitierte sie etwas von Sir Albert Gerald.

„War er damals hier?"

„Ja, er war hier. Ich glaube, Paul, obwohl ich nicht ganz sicher bin und nicht behaupten möchte, dass nichts ganz stimmt, dass Grace ihn holen ließ."

Paulus war von Natur aus wütend. Warum sollte seine Frau eine dritte Person holen lassen? Welches Geschäft hatte eine dritte Person, die zwischen sie kam?

"Wo ist sie hingegangen?" fragte er, wobei seine Selbstvorwürfe von vor einer Stunde ihn gegenüber Grace immer noch milder machten.

„Ich weiß es wirklich nicht – aber nach Schottland, glaube ich. Ich hörte sie zu Sir Albert sagen: ‚Sie werden mich begleiten‘, und er sagte, er würde nach Schottland gehen, also nehme ich an, dass sie auch dorthin gegangen ist.“

„Und keine Nachricht, keine Notiz oder irgendetwas für mich hinterlassen?“ sagte Paul mit wachsender Wut, da er noch nicht ganz verstand, dass Grace wirklich gegangen war.

„Oh, mein lieber Paul! Wie dumm ich bin. Ja, sie hat eine Nachricht für dich hinterlassen, oder einen Brief – mal sehen, ob es ein Brief war? – Nein, ich erinnere mich, dass ich dachte, er sei seltsam gefaltet.“

„Gibst du es mir bitte?“ fragte Paul mit der Ruhe der Verzweiflung.

„Mein lieber Paul, wenn du mich nur nicht so hetzen und aufregen würdest“, sagte seine Mutter, während sie eine nach der anderen in ihren Taschen suchte, dann unter den Porzellanornamenten auf dem Kaminsims nachschaute und ihren Sohn fuhr total wild.

Schließlich sagte sie, als ihr eine brillante Idee in den Sinn kam: „Jetzt erinnere ich mich. Ich hatte solche Angst, es zu vergessen, dass ich es in einen deiner Hausschuhe steckte, Paul, und ich wusste, dass du es heute Abend ganz sicher finden würdest.“ , als du deine Hausschuhe anziehst, war das ziemlich clever von mir, nicht wahr, Paul?“

Aber Paul hatte den Raum verlassen.

Als er die nur aus wenigen Zeilen bestehende Notiz seiner Frau las, spürte er, dass er sie sehr liebte. Sie war nach Richmond gegangen und konnte es nicht ertragen, ihn so verändert zu sehen.

„Wenn du mir vergeben hast, wenn du mir vergeben kannst, dann werde ich zurückkommen“, sagte sie.

Paul wusste, dass er ihr vergeben hatte, aber es ärgerte ihn immer noch, dass die dritte Person eingegriffen hatte. Noch bevor viele Minuten verstrichen waren, war er auf dem Weg nach Richmond.

Grace empfing ihn mit großer Zufriedenheit, sie war bereit, alles zu versprechen. Dann kam diese Frage nach Sir Albert Gerald.

„Ist es möglich, dass Sie die ganze Geschichte nicht wirklich verstehen?“ fragte Grace, die nun, nachdem diese Last von ihrem Geist genommen und wieder in die Zuneigung ihres Mannes zurückgekehrt war, in bester Stimmung war.

„Ich verstehe nichts von ihm. Welche Geschichte meinst du?"

Dann klärte ihn seine Frau auf.

„Ich sollte ihn über Margaret informieren, als ich dachte, dass es seiner Sache nicht schaden würde – ich sollte nach ihm schicken."

"Oh!" sagte Paul, „dann denkst du, er ist in Margaret verliebt?"

„Das glaube ich nicht, ich weiß", antwortete sie lachend.

An diesem Abend war das Abendessen im Brook Street Hotel fertig – drei Decken waren abgedeckt.

„Ich denke, Sie können eine Decke entfernen", sagte Lady Lyons, „heute Abend werden nur zwei speisen."

Der Kellner sah überrascht aus und zögerte, dann öffnete sich die Tür und Grace trat strahlend ein, gefolgt von Paul.

KAPITEL X.

Mrs. Dorriman war in diesem Moment nicht wenig verblüfft über die Verzögerung bei der Ankunft ihres Bruders. Sie hatte viel von ihrer Angst vor den Papieren verloren, die einst so schwer auf ihr lasteten, und die Zuneigung, die sich zwischen ihr und ihrem rauhen Bruder entwickelt hatte, ließ sie befürchten, dass er möglicherweise einen Fehler begangen hatte engagiert versinken in den Hintergrund. Aber während ihrer kleinen täglichen Pflichten, die durch Margarets Gesellschaft süßer und angenehmer wurden, wenn sie las oder arbeitete, am Ufer entlang spazierte oder in einem Boot über das Meer glitt, war, was auch immer sie beschäftigte, ein subtiles Undefinierbares Das Bewusstsein, dass etwas bevorsteht, was sie nicht wirklich unglücklich machte, sondern das sie in einem Zustand unterdrückter geistiger Erregung hielt.

Mr. Stevens hatte etwas damit zu tun, dass sie sich nicht übermäßig lange mit dieser bevorstehenden Erklärung beschäftigte. Er schien allgegenwärtig zu sein und flog im selben Moment hierhin und dorthin und überall hin. Anscheinend dachte er kaum darüber nach, nach London zu rennen, wie er es nannte, aber es gelang ihm, einen Großteil seiner Zeit in Inchbrae zu verbringen.

Er befragte Margaret zu vielen Dingen, aber sie erkannte schnell, dass nicht immer Geschäfte der wahre Grund seiner Besuche waren. Es kam oft vor, dass ein Brief genauso gut getan hätte, und nur die Angst, unwirtlich zu wirken, hielt Margaret davon ab, es zu sagen.

Margaret war so daran gewöhnt, dass es den wenigen Menschen, die sie getroffen hatte, ohne ihr Zutun immer gelang, sich in sie zu verlieben, dass sie nun Angst davor hatte, dass dies der Fall sein könnte, und sie verwirrte Mr. Stevens, indem sie alles tat Sie war ihm gegenüber gleichzeitig distanziert und zurückhaltend – ihr Verhalten wurde verändert und kalt.

Es war nur natürlich, dass sie ihre eigene Heldin wurde, da sie keine Grace mehr hatte, an die sie denken konnte, und da sich alles Interesse auf sie selbst konzentrierte.

Mrs. Dorriman verwöhnte und streichelte sie. Jean hielt sie für perfekt; Den Leuten gefiel ihre Art, die ihnen gegenüber sowohl sanft als auch höflich war; und als sie entdeckten, dass sie eine „gebende" Dame war, steigerten sich ihr Respekt und ihre Zuneigung zu Begeisterung. Die wenigen Außenstehenden wussten, dass ihr eine Tragödie bevorstand; und der Tod ihres Kindes, der Wahnsinn ihres Mannes, alles zusammen umgab sie mit dem Heiligenschein des Leidens, der eine Frau von anderen Frauen unterscheidet.

In der Umgebung von Inchbrae gab es wenig, was ihr Mitgefühl erwecken konnte. Den Menschen ging es nicht schlecht, die Kleinbauernfrage war nicht aufgetaucht und der Boden war fruchtbar. Hin und wieder wollte eine kranke Frau Suppe und bekam sie , oder ein Kind brauchte ein Kleidungsstück, das ihm Beschäftigung verschaffte, aber das war alles.

Margaret war im Wesentlichen eine liebenswerte Frau und hatte jenen Hauch von Abhängigkeit, der (wenn auch oft irreführend genug) so stark an die ritterliche Seite der Menschheit appelliert und mit dem Anspruch, den er begründet, so oft auch eine Zuneigung hervorruft.

Sie war das, was die Leute sentimental nennen, aber nicht im missbräuchlichen Sinne dieses sehr missbräuchlichen Wortes. So wie die gewöhnlichsten Gegenstände im Leben, ein abgebrochener Ast, ein flaches Wasser, das verblasste Blatt im Gras, sich für das Auge eines Künstlers in Bilder auflösen, so ist es auch dort, wo die poetische Fähigkeit vorhanden ist (besonders, wenn sie durch Leiden entwickelt wurde).) all die verschiedenen Ereignisse des Lebens, alle Impulse und Einflüsse des persönlichen Lebens werden zu ungeschriebenen Gedichten. Margaret hatte schrecklich gelitten; Das Leiden heilte unter dem Einfluss der Zeit, hinterließ aber eine lebendige Fantasie. Sie lebte noch einmal von vorne, sie grübelte krankhaft über ihre eigenen Unzulänglichkeiten, und sie begann, einem alles verschlingenden Egoismus gefährlich nahe zu kommen.

Es gab ein Vergnügen, das sie nie verblasste – die Wirkung natürlicher Schönheit ist bei verschiedenen Temperamenten so unterschiedlich. Die Frische einer Meeresküste, die Grau- und Grüntöne, die Harmonie von allem spüren einige, die die beschleunigte Durchblutung erkennen und sie als gesundheitsfördernd bezeichnen; und so ist es.

Für einen Dichter sagt diese Harmonie der Natur jedoch noch mehr aus: Es liegt eine tiefere und umfassendere Bedeutung in allem, unabhängig davon, ob die Fähigkeit zum Ausdruck gegeben ist oder nicht. Himmel und Erde scheinen nicht weit voneinander entfernt zu sein, wenn die Seele bis in ihre Tiefen bewegt wird. Das Geheimnis jener Kräfte, die Ehrfurcht hervorrufen, wenn sie sich in ihrer größten Macht manifestieren, hat einen Grundton, der, hier begonnen, nach oben getragen wird. Margaret hatte die Kraft des Ausdrucks und ihre Gedichte wurden für sie zum besten und höchsten Teil ihres Lebens; sie hatte keine Lust mehr, sie zu veröffentlichen; so viel von ihr selbst steckte darin, dass sie davor zurückschreckte, sie irgendjemandem lesen zu lassen. Sie lebte in einer eigenen Welt, einer Welt voller Schönheit, in der sich das Ich jedoch zu sehr einmischte.

Graces Brief mit seinen heftigen Reuebekundungen und seinem zusammenhangslosen Bericht darüber, dass sie Paul verlassen hatte, löste in ihren selbstbezogenen Gefühlen einen eher groben Schock aus.

Sie kannte Grace zu gut, um an der Verzweiflung zu zweifeln, von der ihre Schwester schrieb, als ob sie und die Reue von nun an ihr Teil sein würden; aber sie konnte nicht an ihrer Aufrichtigkeit in Bezug auf das Geld zweifeln; Der Schrei war zu natürlich, und Margarets eigene Gefühle stimmten so vollkommen damit überein.

Es war für sie schmerzhaft gewesen, mit welcher Leichtigkeit Grace das Geld angenommen hatte, und jetzt war sie dankbar, dass sie diesen Punkt gemeinsam hatten.

Ihrer Meinung nach schien das Argument, das sie vorgebracht hatte, schlüssig. „Ich habe ein Gelübde geschworen, das ich nicht halten konnte, und der Nutzen, der sich aus einem gebrochenen Gelübde ergibt, kann nicht zu Recht mir zustehen.“

Sie stand auf, um diesen Brief zu beantworten, der sie beunruhigt hatte, und als sie die Tür öffnete, traf sie Herrn Stevens, der gerade den Flur betrat.

„Können Sie mir einen Moment Zeit nehmen?“ sagte er mit einiger Besorgnis.

Sie antwortete mit „Ja“ und vertraute darauf, dass sein Geschäft wirklich ein Geschäft war.

„Ich habe einen so außergewöhnlichen Brief von Herrn Sandford erhalten“, begann er. „Ich habe ihm wegen Geldangelegenheiten geschrieben, und seine Antwort ist, dass er nicht in der Lage ist, irgendwo einen Penny vorzustrecken. Ich fürchte, es ist sehr schief gelaufen. Haben Sie etwas gehört?“

„Nichts in dieser Richtung. Mrs. Dorriman kann sich nicht vorstellen, warum er nicht kommt.“

„Er sagt: ‚ *Ich bin völlig mittellos und kann nichts tun!* ‘ Es ist höchst außergewöhnlich!“

„Ich frage mich, ob Mrs. Dorriman etwas weiß? Soll ich sie suchen?“

„Nein, ich habe Mr. Sandford um eine Erklärung gebeten. Bis ich wieder höre, hat es keinen Sinn, sie unglücklich zu machen.“

„Es wird sie betreffen?“ fragte Margaret mit echtem Interesse.

„Es wird sich auf sie auswirken. Sie erzählte mir einmal, dass sie keine Siedlungen hatte und vollständig von ihrem Bruder abhängig war.“

„Ich bin so traurig.“

„Es wird natürlich auch Sie betreffen, Mrs. Drayton. Es scheint für Sie beide sehr hart zu sein.“

„Und meine Schwester gibt dieses Geld auf; Paul Lyons kann es nicht ertragen, dass sie es hat."

„Ich habe mich entschieden. Ich werde Sie um einen großen Gefallen bitten, Mrs. Drayton."

„Bitte, tu es nicht", sagte Margaret, sehr bekümmert und rosig rot anlaufend.

"Warum?" fragte er erstaunt und sehr beleidigt über sie.

„Es wäre besser für uns ... lasst uns Freunde bleiben", sagte sie flehend.

„Was will ich noch?" fragte er, sehr erstaunt über ihre veränderte Farbe.

„Oh", sagte Margaret, holte tief Luft und sprach mit offensichtlicher Erleichterung; „Natürlich werde ich alles für dich tun."

Er sah sie misstrauisch an.

„Ihr jungen Damen seid heutzutage so vorsichtig; ihr habt geantwortet, als wollte ich euch bitten, mir zehntausend Pfund zu leihen, oder euch einen Heiratsantrag zu Füßen legen."

Wieder errötete Margaret heftig, aber sie lachte auch; Sie hatte das Gefühl, sie hätte sich beinahe lächerlich gemacht.

„Was ich von Ihnen möchte", fuhr Mr. Stevens ernst fort, „ist nichts besonders Bemerkenswertes. Ich möchte, dass Sie dafür sorgen, dass ich ein wenig Zeit allein mit Mrs. Dorriman verbringe. Ich habe ihr etwas zu sagen, und zwar." So kommt es, dass ich sie nie alleine sehen kann; du bist immer da, weißt du?

Wie Margaret vor sich hin lachte!

„Mein lieber Mr. Stevens", sagte sie, wobei der ganze frühere Charme und die Herzlichkeit ihres Verhaltens wieder in voller Stärke zum Ausdruck kamen, „wie schrecklich leid es mir tut, dass ich so blind und so dumm gewesen bin. Ich fürchte, ich war furchtbar verwirrt." Ihren Weg."

„Nun, das haben Sie eher", sagte Mr. Stevens, der enttäuscht war, dass ihr Verhalten launisch war; er hatte gedacht, sie sei über so etwas erhaben.

Margaret lachte wieder, aber sie ging nach oben, zog ihre Sachen an und traf dann auf Mrs. Dorriman, die immer noch in Gedanken abwägte, welche Vorzüge Preiselbeer- oder Brombeermarmelade für den Pudding an diesem Abend hatte.

„Was mag Mr. Stevens am liebsten? Denn ich glaube, er wird heute Abend hier essen", sagte Margaret mit einem Lächeln, das die kleine Dame nicht verstand.

„Hast du ihn gefragt, mein Lieber?" sie fragte ruhig; „Ich wusste nicht, dass er hier war."

„Nein, aber ich denke, du wirst ihn fragen. Er ist hier und möchte dich übrigens wegen etwas sprechen."

Mrs. Dorriman zog ihre Haushaltsschürze aus, wusch sich die Hände und ging gelassen ihrem Schicksal entgegen, mit einer Unschuld und einem Mangel an Misstrauen, die Margaret viel stilles Vergnügen bereiteten.

Mrs. Dorriman war etwas nervös, weil sie dachte, Mr. Stevens hätte ihr vielleicht Neuigkeiten von ihrem Bruder gebracht. Sie hatte seit einigen Tagen nichts von ihm gehört und erwartete ihn täglich; seit den häufigen Krankheitsanfällen, deren Bedeutung sie nicht ganz verstand, erfüllte sie ein unbestimmtes Unbehagen.

„Geht es meinem Bruder gut? Hast du Neuigkeiten von ihm?" fragte sie hastig, als sie das Zimmer betrat.

„Als ich es hörte, ging es ihm gut", antwortete er; und dann überkam ihn eine plötzliche Schüchternheit.

Sie wartete darauf, dass er etwas sagte, und er bemerkte mit großer Bewunderung, dass sie nicht unruhig wurde, wenn sie erwartungsvoll dasaß. Diese Kraft der Stille betrachtete er als großes Verdienst. Nichts ärgerte ihn mehr, als abwechselnd angesprochen zu werden, mit einer intensiven und wenig schmeichelhaften Aufmerksamkeit für eine uninteressante Arbeit oder das, was er für uninteressant hielt.

„Ich wünschte", sagte er plötzlich, „dass du genauso viel an jemand anderen denken könntest wie an deinen Bruder!"

Erschrocken hob sie den Blick und sein Blick verwirrte sie.

„Ich – ich habe sonst niemanden", sagte sie mit leiser Stimme.

„Ja, das haben Sie, Mrs. Dorriman, wenn Sie nur versuchen würden, so zu denken. Ich glaube – ich fürchte, die Idee ist für Sie neu –, aber könnten Sie nicht versuchen, mich ein wenig zu mögen? Ich kann Ihnen nicht sagen, wie ich das gemacht habe." Ich habe gelernt, dich zu lieben! Aber du bist so gut und so selbstlos, es gibt niemanden wie dich!"

Margaret, die auf dem Steinsitz saß, hörte Stimmen auf sich zukommen. Sie stand auf und ging den beiden entgegen, die, nachdem die Blüte ihrer Jugend und Blüte vorüber war, zum ersten Mal ein echtes Zuhause im Herzen eines anderen gefunden hatten.

Mrs. Dorriman schien ihre Jugend erneuert zu haben; Die Röte in ihrem Gesicht und die Gelassenheit ihrer Stirn ließen sie so viel jünger aussehen.

Sie ging wie im Traum. Sie hatte Mr. Stevens schon so lange als einen äußerst freundlichen und hilfsbereiten Freund angesehen; und sie hatte immer diese Unabhängigkeit und Geradlinigkeit bewundert, die das Recht ohne Grobheit verteidigten. Und dieser Mann liebte sie! Wie wunderbar, dachte sie in ihrer Demut, wie außergewöhnlich, dass er, obwohl er die ganze Welt zur Auswahl hatte, *sie lieben* und sich wünschen konnte, dass sie seine Frau sei.

Die Glückwünsche von Margaret waren sehr herzlich. Sie verstand den Reiz, den Mr. Stevens in Mrs. Dorrimans Sanftheit und Sanftmut hatte, und er hatte etwas Offenes und Angenehmes an sich.

Der Anblick dieser beiden, so vollkommen und still glücklich, ließ sie ein wenig an die Leere ihres eigenen Lebens denken; Aber sie würde nicht weiter darüber nachdenken – sie würde versuchen, ihre Energie in eine nützliche Richtung zu lenken. In der Zwischenzeit würde sie ihr Möglichstes tun, um Mrs. Dorrimans Glück nicht durch irgendwelche Klagen über das Verlassen von Inchbrae zu trüben. Der Ort lag ihr sehr am Herzen; sie hatte es lieben gelernt; aber sie wusste, dass es hier keinen Raum für ihre Energien gab. Sie muss ihre Schritte nach Süden richten; sie würde in dem kleinen Haushalt kein Drittel verdienen. Vielleicht möchte Mr. Sandford, dass sie bei ihm bleibt, und sie würde dies tun. Sie sagte sich, dass sie tun würde, was auch immer richtig war.

Bevor Mr. Stevens Inchbrae verließ, gab er Anne Dorriman ein feierliches Versprechen – ein Versprechen, das sie ihm lächelnd gab, bis sie ihn ernst sah.

„Versprich mir, Anne, dass dich nichts davon abhalten wird, mich zu heiraten, egal ob du krank oder glücklich bist!"

"Das verspreche ich."

Sie sagte es nachdenklich und bestand dann darauf, dass er die Worte wiederholte.

„Nun", sagte er, „wenn jeder Schilling deines Bruders weg ist und du ohne einen geblieben bist, wirst du dann immer noch meine Frau sein?"

„Sie reden, als wüssten Sie es", sagte sie und sah ihn fragend an; aber er lehnte ihre Worte ab und sie vergaß sie.

„Womit habe ich dieses Glück verdient?" fragte sie Margaret später, als die beiden in ihre Zimmer gingen.

„Viel", sagte Margaret sanft. „Hast du jemals für dich gelebt? – nie, seit ich dich kannte! Erst heute dachte ich, dass es nicht gut für mich wäre, mit dir zusammen zu sein, weil du so viel aus mir machst und so wenig aus dir selbst, was ich bin." immer engstirniger und egoistischer."

„Unsinn! meine Liebe", antwortete Frau Dorriman. „Oh! Margaret, wenn du wüsstest, wie ich es hasse, allein zu sein und Dinge selbst entscheiden zu müssen — dann denk mal an den Trost, jemanden zu haben, zu dem du gehen kannst!"

„Und so in der Lage, dir zu helfen", sagte Margaret gefühlvoll.

Auch sie spürte diese Last der Einsamkeit; Sie spürte dies umso mehr, als ihr eigenes Leben und das anderer kontrastiert.

Christie war sehr bewegt, als ihr die Nachricht mitgeteilt wurde.

„Es rückt näher, meine Liebe", sagte sie zu Margaret, „zur rechten Zeit des Herrn."

Margaret verstand sie nicht.

Jean äußerte sich äußerst amüsant zu diesem Thema.

„Und was für nein!" sie fragte, als Mrs. Dorriman es ihr sagte. „Du hattest nie wirklich wahre Liebe, obwohl Mr. Dorriman, der arme Mann, dich auf seine Art durchaus mochte; aber er war ein krummer Stock ohne Mark in sich. Dieser Mann ist ein Mann, auf den man stolz sein kann. Es gibt einiges in ihm, und du wirst dich auf ihn stützen können. Kein leichter Windstoß wird ihn umblasen!"

Frau Dorriman schrieb an ihren Bruder und erzählte ihm in wenigen Worten, die ihr schwerfielen, von ihrer Verlobung.

Sie sagte auch, dass sie darauf vertraue, dass Margaret ihren Platz einnehmen und bei ihm leben würde. „Ich denke, Margaret wird mehr für dich sein, als ich es jemals sein könnte." Abschließend sagte sie: „Du warst nett, aber ich hatte immer das Gefühl, dass du von mir enttäuscht warst. Ich bin nicht willensstark genug, um ein guter Begleiter für jemanden zu sein, der so an mehr Intelligenz gewöhnt ist."

Hätte sie ihren Stift absichtlich in Galle getaucht, hätte sie ihm keinen bittereren Moment bereiten können.

Er war körperlich für Aufregung und Sorgen ungeeignet. Seine Krankheit verschlimmerte sich schnell und er litt zeitweise furchtbar.

Er erhielt einen Brief von Margarete, der ihn ebenfalls sehr beunruhigte.

Da sie wusste, dass es ihm gut ging und dass ihm Geld um seiner selbst willen egal war, schrieb sie ihm voller Zuversicht über Grace.

„Sie hat das Geld aufgegeben, das ihr nach mir verblieben war und das ich nicht annehmen wollte. Ich fürchte, dass es sie und Paul in Verlegenheit bringen würde, es aufzugeben. Du hast mir oft angeboten, mir Geld aufzubürden – um mir viel zu geben, was ich nicht wollte." „Wirst du etwas für meine Schwester tun? Wirst du etwas für sie tun, um das wiedergutzumachen, was sie aufgegeben hat? Ich glaube, du hast das gleiche Gefühl wie ich, dass es eine Demütigung für mich wäre, dieses Geld anzunehmen, egal, ob es von Grace oder von mir selbst angenommen wurde."

Ein paar Tage und dann kam die Antwort.

„ LIEBE MARGARETE ,

„Ich habe nichts zu geben. Ich habe kein Recht, etwas zu geben, und ich habe es nicht in meiner Macht. Ich bin krank und mir geht es elend. Wenn ich kann, gehe ich nach Inchbrae. Ich habe mir etwas zu sagen." Schwester. Ich halte deine Vorstellungen dazu für übertrieben.

Zu sagen, dass Margaret enttäuscht war, heißt wenig sagen. Sie zweifelte nun daran, ob die Haltung, die sie eingenommen hatte, richtig war. Auf einmal schien sie alles anders zu sehen; Für einen oder zwei Momente hatte sie das Gefühl, als hätte ihre Sensibilität zu diesem Thema Grace in die Katastrophe geführt.

Doch als sie den Brief ihrer Schwester noch einmal las, stellte sie fest, dass ihre Einwände unbegründet waren; es war Paul, der so dachte wie sie; Wegen ihres Mannes hatte Grace nachgegeben.

Bevor sie in Gedanken darüber nachdenken konnte, ob es klug wäre, Frau Dorriman über die Krankheit von Herrn Sandford und seinen Vermögensverlust zu informieren , war Frau Dorriman auf sie zugekommen und hatte die Schrift ihres Bruders erkannt.

Als Margaret zunächst versuchte, sie mit dem passenden Wort „Geschäft" abzuschrecken, war Mrs. Dorriman bereit, es zu glauben, aber Margarets Gesichtsausdruck war ausdrucksvoll; und die kleine Frau, die sich auf jeden Fall Sorgen um ihren Bruder machte, wurde so hysterisch, dass sie nur dadurch beruhigt wurde, dass man ihr das Mittel gab.

„Ich muss zu ihm gehen!" rief sie, als sie die zitternde Handschrift sah; „Er muss sehr krank sein."

„Sie sollten Mr. Stevens besser fragen, was er denkt", sagte Margaret sanft.

„Meine Liebe, ja. Was für ein Trost es ist, jemanden mit einem guten Kopf auf seinen Schultern zu haben, der mir Ratschläge gibt, was am besten zu tun ist. Es ist so ein Trost! Aber ich bin sehr unglücklich über meinen Bruder; ich muss schreibe sofort.

„Warum nicht telegraphieren? Mr. Stevens wohnt in der Nähe von Renton. Wenn Sie ihm telegrafieren und ihn bitten würden, herauszufinden, ob Ihr Bruder ernsthaft krank ist, und wenn er Ihnen rät, zu ihm zu gehen, hätten Sie die Antwort viel früher. Wir könnten problemlos fahren Bleiben Sie mit dem Telegramm in uns und warten Sie auf die Antwort, oder gehen Sie und warten Sie bei Mrs. Macfarlane.

„Meine liebe Margaret, was für ein praktischer Mensch Sie sind; und ich weiß genau, wo Mr. Stevens gerade ist. Er hat mir erzählt, wie er seinen Tag geplant hat, und in diesem Moment ist er im Kontor von Renton und wird es tun Sei bis drei da.

„Dann verlieren wir keine Zeit", sagte Margaret.

Sie hatten vor langer Zeit in ein eigenes Pony und einen eigenen Ponywagen investiert und machten sich bald auf den Weg, Mrs. Dorriman nachdenklich und besorgt, getragen von dem Bewusstsein der Hilfe, die sie erst vor Kurzem besessen hatte; Margaret schwieg, fragte sich ein wenig, wie ihr Leben wirklich aussehen würde, und bemerkte mit einem kleinen Schmerz, dass selbst Mr. Sandford, so einsam und leidend er auch war, kein einziges Wort darüber sagte, dass sie zu ihm gehen würde.

Etwas in der Landschaft erinnerte sie an Sir Albert Gerald. Sie fragte sich, ob er jetzt jemals an sie dachte; Es kam ihr seltsam vor, dass er so völlig aus ihrem Bekanntenkreis verschwunden war – seit Monaten hatte sie nichts von ihm gehört. Mehr als einmal hatte sie in ihren Briefen an Grace etwas über ihn gesagt, aber sie achtete offensichtlich nie darauf, dachte Margaret, und verstand nicht, wie sehr sie sich für ihn als Freund interessierte, da es nach dem, was dazwischen passiert war, nur natürlich war ihnen. Sie hatte das Gefühl, ihr ganzes Leben lang das Glück vermisst zu haben. Hatten entweder ihr Vater oder ihre Mutter noch gelebt, oder hatte sie verstanden, was Sir Albert mit Freiheit meinte? Welchen Sinn hatte es, wenn man auf altes Bedauern zurückgriff? Sie gab sich selbst die Schuld, weil sie geglaubt hatte, er hätte vorher irgendein Zeichen gemacht. Schließlich gab es noch viele andere Mädchen auf der Welt, und niemand hätte eine so traurige Geschichte haben können; Sie hatte kein Recht, enttäuscht zu sein, und doch wusste sie, dass sie bitter enttäuscht war.

Sie gingen direkt zum kleinen Postamt, und während Mrs. Dorriman das Telegramm abschickte, schickte Margaret das Pony zu den Wirtshausställen und ging dann los, um Briefe zu erbitten.

Es gab eines von Grace. Nachdem sie verzückt über einen neuen Umhang nachgedacht hatte, den sie, wie sie sagte, Almosen nennen sollte, weil er so viele Sünden in Form altmodischer Kleidungsstücke verdeckte, erzählte sie von einer Haube, in die sie sich verliebt hatte und die sie sich nicht leisten konnte, und erzählte von Kleinigkeiten Abenteuer, die ihr widerfahren waren, sagte sie,

„Wissen Sie von einer großen Leidenschaft, die Sir Albert wahrscheinlich haben wird? Ich habe gehört, dass er London verlassen hat, um sich selbst, seine Sorgfalt, seinen schönen Platz und sein verräterisches Herz jemandem anzubieten, den er seit langem heimlich liebt. Das kann ich nicht Helfen Sie mir, wütend zu sein, weil, weil, weil ... Ich hoffte, dass jemand, den ich kannte, ihn angezogen hätte. Bitte beschimpfen Sie mich nicht und sagen Sie nichts Unangenehmes, aber es ist schrecklich: Und ich denke, dass Männer im Allgemeinen ein Fehler sind, außer, Natürlich, Paul, mit dem größten P, das du dir vorstellen kannst, und ich bin mir nicht sicher, ob ich das sagen würde, wenn ich nicht das Gefühl gehabt hätte, dass er meinen Brief durchsehen würde."

Eine große Last lastete auf der Seele der armen Margarete. Das war die Lösung, die sie befürchtet hatte, und doch ist die Geschichte, die ein Freund erzählt, weitaus schmerzhafter als die, die wir uns selbst erzählen. Die Welt wurde ihr plötzlich dunkel; Sie war sich der Freude und Zufriedenheit von Frau Dorriman bewusst, als sie das Telegramm von Herrn Stevens erhielt. Ihrem Bruder ging es besser, aber er möchte, dass beide gegen Ende der Woche zu ihm gehen. „Sie können die beschwerliche Reise unmöglich alleine machen, aber ich werde für Sie und Mrs. Drayton gehen", lautete der Inhalt seines Telegramms, und die arme kleine Frau erinnerte sich lebhaft daran, wie sie dies mit weit weniger Erfahrung hatte tun müssen Allein auf ihrer Reise, wie sie sich verlassen und unglücklich fühlte und von niemandem Trost empfing.

Sie aßen mit Frau Macfarlane zu Mittag, die sich darüber freute, dass Frau Dorriman einen so netten Ehemann haben würde. Sie war so gut gelaunt, so fröhlich und so überschäumend vor Wohlstand, dass die arme Margaret sie zum ersten Mal bedrückend empfand. Auf dem Heimweg gab sie sich alle Mühe, Mrs. Dorrimans Zufriedenheit zu erfahren, aber jedes Wort, das sie in unschuldiger Selbstbeweihräucherung aussprach, bereitete ihrer Begleiterin einen zusätzlichen Schmerz.

„Zum ersten Mal in meinem Leben so umsorgt zu werden! Es ist nicht möglich, diese beschwerliche Reise alleine zu bewältigen! Was habe ich getan, Margaret, um das alles zu verdienen? Wie kann ich dankbar genug sein?"

Der Nachmittag war erst zur Hälfte vorbei, als sie nach Hause in Inchbrae kamen. Die Helligkeit des Tages war noch nicht getrübt, und dennoch lagen auf den fernen Hügeln sanfte Schatten. Die Sonne war kapriziös wie eine jugendliche Schönheit, die jetzt in all ihrer Pracht schien und das kräuselnde Meer in Gold verwandelte und sich dann hinter den flauschigen Wolken verhüllte, die über den verschiedenen Gipfeln und Klippen schwebten.

Margaret warf die Haube ab, die sie nur trug, wenn sie Ausflüge in die kleine Stadt unternahm, und ging barhäuptig die Brandseite entlang, begierig darauf, sich ihrer Not zu stellen und den Kampf mit sich selbst zu führen, den der Brief ihrer Schwester notwendig machte.

Die Einflüsse eines solchen Nachmittags hätten sie eigentlich beruhigen sollen. Ein Temperament wie ihres hätte, so äußerst empfänglich es auch war, besser mit der leuchtenden, friedlichen und strahlenden Szene um sie herum harmonieren sollen. Aber wenn die Seele zutiefst verletzt ist, wird sie von der Schönheit und Heiterkeit einer schönen Landschaft überwältigt, und der Schrei ähnelt dem eines Hinterbliebenen, der hier alles verloren hat und den Tag grell und den Sonnenschein als Hohn empfindet.

Da war dieses ewig zitternde Flüstern des Brennens, das vor nicht allzu langer Zeit zu hören war, als sie ihr eine Liebesgeschichte erzählte. Jetzt hätte sie Welten dafür gegeben, es zu stoppen, da es ihr Lügen erzählte. Alles, dachte sie, sei glücklich, außer ihr selbst; selbst die Bienen summten herzlos, als sie sich über ein Bett aus goldenem Hahnenfuß und wildem Thymian freuten, ganz in der Nähe; und als von einem kleinen Fischerboot ein fröhliches gälisches Lied erklang, fröhlich und doch melancholisch wegen seiner Moll-Tonart, gab Margarets Selbstbeherrschung nach, und sie weinte leise, aber mit gebrochenem Herzen, ihr Gesicht mit den Händen bedeckend.

Am Hang erklang ein schneller Schritt, der jedoch auf dem kurzen, gut genagten Gras nicht zu hören war; Ein paar Bergschafe hoben ihre Köpfe und blickten mit einer gewissen Verwunderung auf den Eindringling, ohne einen Schritt zu rühren, da sie keine Angst kannten. Margaret hörte das leise Rascheln erst, als jemand in ihrer Nähe stand; sie hatte keine Zeit, ihre Tränen abzuwischen; Erschrocken stand sie auf, und Sir Albert Gerald rief sie leise und mit ausgestreckten Händen.

„Was hat dich beunruhigt?" sagte er und bemerkte mit schnellem Mitgefühl ihr tränenreiches Gesicht.

Wie konnte sie es ihm sagen? Er war hier und der Ausdruck in seinen Augen, der ganze Ausdruck seines Gesichts verrieten ihr, dass er gekommen war, um *sie zu suchen* . Graces Geschichte war wahr, warum hatte sie sich unglücklich gemacht? Wie dumm sie war! Errötend beantwortete sie einen Teil seiner Frage und er war zufrieden.

„Ich dachte, dass du nie wieder kommen würdest."

Welche Veränderung war über alles gekommen?

Margaret fand den Tag heller, sanfter und bezaubernder als je zuvor. Sie bewegte sich wie in einem Traum, äußerlich ruhig, eine ganze Welt voller Leidenschaft, Liebe und Dankbarkeit ließ ihr Herz anschwellen.

„Ich habe Angst um mein Glück", sagte sie an diesem Abend zu Mrs. Dorriman, als Sir Albert mit seiner Zigarre ausgegangen war und die beiden Freunde nach oben ins Bett gegangen waren. „Ich bin so intensiv, so vollkommen, glücklich! Gott ist sehr gut zu mir!"

„Meine Liebe", sagte Mrs. Dorriman, „ich bin fast so glücklich über dich wie über mich selbst, und ich denke, Mr. Stevens hat Recht (er hat immer Recht). Er sagt, wir brauchen nicht zu hinterfragen, warum wir glücklich sind, aber genieße es und sei dankbar dafür. Ich mag Sir Albert wirklich sehr, und wenn er sich gerade nicht ganz mit ... älteren Männern messen kann, wage ich zu sagen, wenn er älter wird –"

„Er wird ein zweiter Mr. Stevens sein", sagte Margaret lachend, als sie gute Nacht sagte.

Am nächsten Tag brachte Mrs. Dorriman einen Brief von ihrem Bruder, dessen Inhalt sie fast genauso verwirrte und verwirrte wie der berühmte Brief vor mehr als zweieinhalb Jahren, als wir sie zum ersten Mal kennenlernten.

Sie sollte mit Margaret nach Renton kommen und auch Christie mitbringen. Jean wäre natürlich willkommen, aber er wünschte sich besonders, Christie zu sehen.

Da Mr. Stevens nicht eingetroffen war, wandte sich Mrs. Dorriman mit ihrer Verlegenheit an Margaret.

„Warum er Christie sehen wollte, ist so bemerkenswert", sagte sie in einem etwas von dem alten verwirrten und klagenden Ton.

„Kannte er sie früher?"

„Natürlich muss er sie gesehen haben, als junger Mann muss er sie gekannt haben, denn sie wohnte an diesem Ort, und das war unsere Art, jeden kennenzulernen; aber all die Jahre war sie hier und er hat nie Notiz davon genommen Ich glaube, sie würde ihn jetzt kaum noch vom Sehen erkennen.

„Vielleicht hängt mit ihr eine Erinnerung an seine Jugend zusammen."

„Ja! Natürlich kann es sein."

Mrs. Dorriman ging selbst, um Christie davon zu erzählen; Ich wollte die alte Frau vorbereiten und bezweifelte, dass sie zum ersten Mal in ihrem Leben einer Eisenbahnfahrt zustimmen würde.

Aber als sie Christies Cottage erreichte, fand sie sie in ihrer Sonntagskleidung vor – ihr bestes Zeug [1] an und alle kleinen Besitztümer, die sie mitnehmen wollte, waren fertig eingepackt.

„Woher wusstest du das, Christie?" fragte sie voller Erstaunen.

„Als ich hörte, dass Mr. Sandford krank war und sich seine Genesung wahrscheinlich nicht erholen würde, wollte ich ihn besuchen.

Mrs. Dorriman setzte sich, um sich auszuruhen.

"Meinetwegen!" sie wiederholte. „Oh! Christie, ich will nichts von ihm."

„Aber ich tue es für dich, und für mich selbst würde ich an dem alten Ort sterben; für dich würde ich am besten noch eine Weile schweigen."

Sie sagte nichts mehr über ihre Hoffnungen und Wünsche, aber ihre Abschiedsworte waren:

„Wenn du bereit bist, bin ich bereit; nicht aber was für Eisenbahnen sind schreckliche Dinge, die man durch die Welt schicken kann, mit nichts als einem Kreischen und einer Rauchwolke."

In der Zwischenzeit besprach Herr Stevens verschiedene Einzelheiten mit Frau Dorriman und half ihr sogar dabei, zu klären, welche Dinge sie mitnehmen oder zurücklassen würde.

„Eines müssen Sie tun, da Sandford dies ausdrücklich wünscht." Er sprach und sah sie ein wenig neugierig an.

Ein Erinnerungsblitz kam ihr in den Sinn.

„Die Schachtel und die Papiere", rief sie.

„ *Eine* Kiste und Papiere. Ich werde nie wieder sagen, dass alle Frauen voller Neugier sind! Ich weiß es jetzt anders."

„Sie wissen alles, denke ich", sagte Frau Dorriman.

KAPITEL XI.

Mrs. Dorriman war während der langen Reise sehr ruhig, da die mühsamen Umsteigefahrten nach Renton gingen. Ihr Herz floss über. Ihr freundliches Gemüt, das es ihr ermöglicht hatte, das Unrecht, das der Bruder, den sie besuchen wollte, ihr in Bezug auf Inchbrae angetan hatte, so vollständig zu verzeihen, machte ihr Angst, dass einige Enthüllungen Mr. Stevens jetzt ein schlechtes Bild von Mr. Sandford vermitteln könnten.

Sie wusste, dass es von Anfang an kein Zuneigungsgefühl gab und dass der Mann, den sie jeden Tag zu lieben lernte, ihr die unfaire Behandlung, die ihr von Seiten ihres Bruders widerfahren war, immer mehr übelnahm, als sie es jetzt für sich selbst tat.

Herr Stevens war sehr aufrichtig und sehr ehrenhaft, und er war wie die meisten Menschen der Ansicht, dass es ungerecht sei, wenn ein Mann die Unkenntnis einer Frau in Geschäftsangelegenheiten ausnutzte und sie zu seinem eigenen Vorteil täuschte; und Frau Dorriman hätte mit ihrer großen Selbstlosigkeit und Demut und ihrem Bestreben, um jeden Preis das Richtige zu tun, heilig sein sollen.

Die Nähe der Beziehung machte alles nur noch schlimmer; und er konnte es nicht ertragen, seine Anne – wie er sie jetzt nannte – mildernd und für diesen Bruder bettelnd zu hören.

Sie lernte, dies zu verstehen und das Thema zu meiden; aber es war für sie unmöglich, jetzt, da sie denselben Weg entlang wirbelte, den Kontrast zwischen damals und heute nicht intensiv zu spüren. Der Trost, alles so ruhig für sie arrangiert zu haben – keine Sorgen zu haben, weil *er* sich um alles kümmerte – war unbeschreiblich. Eine schreckliche Kreuzung, an der sie früher in Verzweiflung gestanden hatte und von Trägern angeschrien und hier und dort hin und her gestoßen worden war, lebte in ihrer Erinnerung als eine Art Kluft, aus der nur die gütige Hand der Vorsehung sie in die richtige Richtung schickte Richtung, schien nun eine recht ruhige Station zu sein, als er, mit ihrer Hand unter seinem Arm, leise umherging und die Träger auf eine Weise herumkommandierte, die sie nie gewagt hätte.

Dann kamen sie in Renton an und gingen weiter, ließen Jean auf eigenen Wunsch zurück und folgten ihr zu Fuß mit Christie, die erklärte, sie sei todmüde vom Stillsitzen und sehnte sich danach, „einen kleinen Spaziergang" zu machen.

„Und das war der Ort und das Haus, wohin Mr. Sandford sie gebracht hat, als er sie dazu brachte, Inchbrae zu verlassen?" sagte Christie und blickte auf das quadratische, unscheinbare, hässliche Haus vor ihr. „Jean, meine Frau, du hast kein Wort zu viel gesagt, du hast nicht genug gesagt."

„Es ist bequem drinnen“, sagte Jean.

„Genau genug“, antwortete Christie; „Aber Sie wissen nicht, und ich weiß es, aus welcher Heimat sie kam.“

Als wir im Haus ankamen, wirkte Jeans Atmosphäre sehr amüsant, selbst für Margaret, die das undefinierbare Gefühl hatte, dass etwas bevorstand, das uns allen manchmal einfällt.

Sie war sich bewusst, dass sie nichts vollständig verstand, und sie versuchte, sich davor zu schützen, in eine selbstsüchtige Selbstbezogenheit abzudriften. Für sie war der Ort voller sehr schmerzhafter Erinnerungen. Hier hatte sie Mr. Drayton zum ersten Mal gesehen und zusammen mit Grace über die zerplatzten Träume von einem kommenden Prinzen gelacht, der sich in der Schlichtheit mittleren Alters präsentierte. Es kam ihr so vor, als hätte sich nichts geändert, und sie rechnete halb damit, Grace mit frechen Reden und vorsätzlicher Missachtung von Mr. Sandfords Wünschen die Treppe hinunterflattern zu sehen.

Nach und nach aßen sie zu Abend. Mrs. Dorriman hatte Mr. Sandford gesehen, dem es an diesem Abend nicht schlecht ging und der Margaret nach dem Abendessen sehen wollte. Mr. Stevens hatte sie bis zur Tür begleitet und war nach Hause zu dem Ort gegangen, den er mit den Arbeiten eingenommen hatte, in denen zuvor Mr. Drayton beschäftigt gewesen war.

„Margaret, meine Liebe“, sagte Mrs. Dorriman, als das ruhige Abendessen zu Ende war, „Mr. Stevens möchte, dass wir morgen sein Haus besichtigen. Er ist so freundlich, er möchte wissen, ob ich das tun sollte.“ Ich mag es, Dinge zu ändern – stelle mir vor, dass ich dazu gekommen bin, Dinge zu ändern, wenn ich will – es ist ganz wunderbar!“

„Es ist wunderbar, dass du das alles so aufnimmst“, sagte Margaret freundlich. „Ich wünschte, ich könnte ein wenig Einbildung in dich hineinbringen oder ein wenig von meinem eigenen Egoismus. Mit weniger wäre ich besser.“

„Du Egoist! Meine liebe Margarete, das denkst du nur, weil du gerade nicht viele andere Leute hast, an die du denken kannst. Egoistisch! Warum eine selbstsüchtige Frau das ganze Geld behalten hätte. Wie viel Gutes hast du damit gemacht!“

„Das ist nicht dasselbe, liebe Tante. Der Abschied von Geld, das ich nicht gern benutzte, während mir ohne dieses Geld alle Annehmlichkeiten und Notwendigkeiten zugesichert waren, bedeutete kein Opfer. Es ist, als würde man etwas verschenken, wenn man so reich ist, dass man es nicht verpassen darf.“ Aber ich weiß, dass ich dazu neige, ständig an mich selbst und meine eigenen Überzeugungen zu denken, obwohl ich zugeben muss, dass es mir gut getan hat.

„Mein Beispiel? Meine liebe Margarete, ich habe nie daran gedacht, jemandem ein Beispiel zu geben!"

„Nein, du denkst nie in irgendeiner Weise an dich selbst, und deshalb bist du so herrlich selbstlos", und Margaret, die normalerweise nicht demonstrativ war, stand auf und küsste sie.

Mr. Sandford schien sich in Margarets unerfahrenen Augen nicht so sehr verändert zu haben; Seine Stimme war viel leiser als zuvor und immer noch rau. Er sah Margaret lange an und sagte, als würde er mehr zu sich selbst als zu ihr sagen:

„Ich hatte recht; die Ähnlichkeit ist da."

Margaret versuchte, mit ihm zu sprechen, aber in seinem Gesichtsausdruck lag etwas so Trauriges, so furchtbar Trauriges, dass sie mehr als die Hälfte der Angst bekam und selbst fast zu Tränen gerührt war.

„Ich möchte, dass du ‚Verzeihen' sagst", sagte er sehr zögernd, „und ich möchte, dass du dich verabschiedest. Ich möchte dich verlassen, der *ihr so ähnlich ist*, bevor du meine Geschichte erfährst." Wirst du verzeihen?"

„Ich vergebe." sagte Margaret; „Glaube nicht, dass ich dir die Schuld für alles gebe. Grace war sehr eigensinnig, und ich ... machte ein Idol und zerschmetterte mich fast daran; mein Urteilsvermögen war getrübt und ich habe auch Unrecht getan."

„Sie sind freundlich, das zu sagen – darin liegt eine gewisse Gerechtigkeit; aber ich habe mir nie vergeben; ich habe Ihr Leben ruiniert; was kann ich jetzt tun? Ich habe nichts in meiner Macht; ich kann es nicht wiedergutmachen!"

„Hast du es nicht gehört?" sagte Margaret, während eine schöne Farbe in ihr Gesicht schlich und es noch schöner machte; „Mir wurde Liebe geschenkt und ich habe Liebe zu geben. Sir Albert ...“

"Gott sei Dank!" sagte er inbrünstig und schloss, erschöpft von seiner eigenen Emotion, die Augen.

Margaret stand auf und sah auf ihn herab; Das größte Mitleid mit einem Mann, der so einsam und so verzweifelt war, erfüllte sie.

"Oh!" Sie sagte mit leiser, durchdringender Stimme: „Trösten Sie sich; ich bin schwach und sehr voller Fehler, und ich vergebe. Es gibt einen Höheren, auf den man schauen und den man um Vergebung bitten kann. Wenn ich vergeben kann, wer ist wie Sie selbst?" –“ Sie hielt erschrocken inne; Als sie sein Gesicht betrachtete, sah sie, wie ein Ausdruck der Qual über sein Gesicht huschte.

„Ich werde wiederkommen", sagte sie hastig und ging, um seinen Diener zu rufen.

Sie wartete bis spät in die Nacht, hörte aber nur, dass es ihm besser ging, und ging dann zur Ruhe.

Am nächsten Tag kam Herr Stevens und unterhielt sich weiterhin mit Frau Dorriman. Mr. Sandford ging es viel besser, und sie sollten sich Mrs. Dorrimans zukünftiges Zuhause ansehen.

Es war sicherlich ein Beispiel dafür, dass jede Frage zwei Seiten hatte. Margaret, die in Renton noch nie weit gefahren war und nur die schmutzigen Straßen außerhalb von Mr. Sandfords umzäuntem Gelände kannte, war erstaunt, als sie aufs Land fuhr, mit einem breiten Fluss voller Schiffe, Leben, Farbe und Bewegung . Die Kutsche bog in eine breite Baumallee ein, und das Gelände war gepflegt und groß, das Haus bezaubernd und voller schöner Dinge. Frau Dorriman war mit allem sehr zufrieden. Sie hatte ein weibliches Element in der Liebe zu guten häuslichen Einrichtungen und glaubte, noch nie ein Haus gesehen zu haben, das zweckmäßiger geplant und durch und durch entzückender war. Selbst der Rauch schien nicht bis zu diesem Wohnort der Glückseligkeit vorzudringen, obwohl Mr. Stevens, der absolut ehrlich war, ihr versicherte, dass dies unter dem Einfluss bestimmter Winde der Fall sei.

„In der Nähe einer Industriestadt kann man nichts anderes erwarten."

„Dann", sagte Frau Dorriman in so entzückter Gemütsverfassung und als sie sah, dass alles so ganz in *der Farbe Rosa war* , „wird es sehr wahrscheinlich bald keinen Rauch mehr geben, es wird alles verzehrt sein", eine Vermutung, die eindeutig bewiesen ist genug, dass sie ungerechtfertigte Hoffnungen hatte, da dies wirtschaftlich ist und als einfach gilt und nie durchgeführt wird.

Sie waren ein wenig beunruhigt, als sie sahen, dass der Arzt auf ihre Ankunft wartete.

„Mr. Sandford hatte einen ziemlich schlimmen Anfall, aber es geht ihm wieder besser. Er möchte Sie alle sehen, wenn Sie in sein Zimmer gehen. Wenn er sehr aufgeregt ist, habe ich ein paar Tropfen, die ich mir selbst geben möchte, also werde ich hier warten, würdest du bitte."

Er sagte das alles in einem sachlichen Ton, der sich seltsamerweise von der Aufregung unterschied, in der sich die arme Frau Dorriman befand.

„Möchte Mr. Sandford mich sehen?" fragte Herr Stevens.

„Sie wurden besonders erwähnt", antwortete der Arzt.

Mr. Sandford saß vor seinem Schreibtisch und beschattete mit der rechten Hand sein Gesicht.

„Es tut mir leid, dass du krank warst, Bruder", sagte Mrs. Dorriman sanft.

Er achtete nicht darauf und hob nicht den Kopf.

„Ist Christie hier?" er hat gefragt.

Es entstand eine Pause und die drei standen voller unterdrückter Aufregung da. Sogar Mr. Stevens war sich eines viel sanfteren und nachsichtigeren Geistes bewusst, als er die schrecklichen Zeichen des Leidens auf dem hageren und elenden Gesicht vor ihm sah.

Christie kam sofort und blieb mit einem triumphierenden Ausdruck auf ihren Zügen in der Nähe der Tür stehen.

Während Mr. Sandford seine Hand immer noch so hielt und sein Gesicht teilweise verdeckte, begann er mit leiser, klarer Stimme zu sprechen, ohne Beugung oder Betonung – eine Stimme, die kaum zu ihm zu gehören schien.

„Anne, ich habe dir am meisten Unrecht getan. Ich muss mit dir sprechen und die anderen müssen es hören."

„Manchmal, in alten Zeiten ... hast du mich oft gefragt, wer die erste Frau meines Vaters war – erinnerst du dich? Wer war meine Mutter?"

"Ich erinnere mich."

„Mein Vater, unser Vater, war nur einmal verheiratet, Anne, und deine Mutter war die einzige Frau, die er jemals hatte."

Es herrschte atemlose Stille – Mrs. Dorriman versteht den Sinn seiner Worte nicht ganz.

„Deshalb", fuhr Herr Sandford mit harter Stimme fort und sprach unter dem Einfluss eines starken Narkotikums fast wie ein Mann, „ich habe keine Rechte, keinen Namen. Ich bin nicht der Erbe, ich war nie der Herr von Sandford!"

„Aber du bist der Sohn meines Vaters?" rief Mrs. Dorriman in einem Ton höchster Spannung.

„Das bin ich – aber Anne, ich bin sein namenloser Sohn. Er hat meine Mutter nie geheiratet. Verstehst du das jetzt?"

Mrs. Dorriman drehte sich zu Mr. Stevens um, ihr Gesicht war blass und sie zitterte. Sie war offenbar zutiefst überrascht. Er nahm ihre Hand und sprach mit leiser, beruhigender Stimme zu ihr.

„Bevor Sie alle über mich urteilen, hören Sie mich an!" fuhr der unglückliche Mann fort, „denn meine Versuchung war groß und meine Prüfung schrecklich!"

„Als einziger Sohn, der ungehindert und mit Macht in meinen Händen erzogen wurde, sagte mir mein Vater erst mit fast fünfundzwanzig Jahren, wahnsinnig verliebt in meine Frau, die Wahrheit."

„Mein Gott! Wie ich gelitten habe! Mein Vater hatte immer vor, es mir zu sagen, aber er fürchtete sich vor einer Szene und schob sie immer hinaus. Ich glaube , *sie* wusste es, und ich hatte Angst vor ihr!" – er deutete mit der Hand auf Christie.

„Glaubst du, wenn ich es gewusst hätte, hätte ich danebengestanden und zugesehen, wie ihr Unrecht getan wurde?" und Christies faltiges altes Gesicht strahlte vor Leidenschaft. „Ich hatte keinen Beweis, aber ich habe meine eigenen Gedanken gedacht. Deine Mutter war eine Nachbarin am Berghang und sie ging weg; sie kam mit ihrem Kind an der Brust und nie einem Ehering zurück, und sie grüßte und grüßte. Eine glückliche Frau ist stolz auf ihren Mann, sie hat nie von ihrem Mann gesprochen, sie hat nur geweint und ist gestorben, und dein Vater, ein junger junger Mann, kam nach Hause und sah sie auf ihrem Sterbebett. ' sagte er immer wieder vor meinen Ohren, und du wurdest in das große Haus versetzt. Er trauerte, denn er war gutherzig – aber schwach, schwach wie ein Farnzweig. Christie hielt abrupt inne und im Raum herrschte Totenstille.

„Als ich zu meinem Vater ging und ihm erzählte, dass ich Margaret Rivers liebte (und der Himmel weiß, wie ich sie liebte!), antwortete er, dass ich das gewusst haben *müsse* . Die Fakten waren ihm so eingeprägt worden, dass er glaubte, ich *müsse es* irgendwie wissen habe sie gekannt.

„Tag für Tag erneuerte ich meine Gebete – nur um abgelehnt zu werden. Die Anstrengung, die auf ihm lastete, die unaufhörliche Aufregung, alles wirkte sich negativ auf ihn aus, und die letzte gewalttätige Szene, die wir zusammen hatten, endete damit, dass er einen paralytischen Schock erlitt, der so schwerwiegend war, dass er verlor Ich erinnere mich noch an den Schrecken und das Elend des Ganzen, und dann wurde mir plötzlich klar, dass ich, da niemand dieses schreckliche Geheimnis kannte, stundenlang seine Papiere durchsehen würde, aber ich fand keinen Beweis gegen mich.

„Colonel Rivers war mit seinen Töchtern nach Indien gegangen. Ich folgte ihm dorthin und heiratete die einzige Frau, die ich je geliebt hatte, nur um sie kurze Zeit später zu verlieren hatte, und ich kam zurück, aber manchmal hatte ich Angst, dass er sich genug erholen könnte, um dir davon zu erzählen, Anne, Aus diesem Grund habe ich dich von zu Hause weggeschickt, und da wir es immer hassen, wo wir sind verletzt, ich habe dich gehasst und deine

Heirat beschleunigt, um dich in Sicherheit zu bringen und meinem Blickfeld zu entziehen – du warst für mich ein ständiger Vorwurf.

„Dann fand Ihr Mann eines Tages ein paar Papiere. Er war verlegen und behindert, und ich lieh ihm Geld. Er war kein guter Geschäftsmann, und es fiel mir leicht, ihn dazu zu bringen, das zu tun, was ich für das Beste hielt – aber es war genauso." Für den nächsten Ankömmling war es leicht, ihn dazu zu bringen, genau das Gegenteil zu tun. In all seinen Schwierigkeiten war es sein Wunsch, Sie der Reichweite von Widrigkeiten zu entziehen und Sie unabhängig zu machen. Als er diese Papiere fand, kam er zu mir und sagte, er hätte einige seltsame Briefe von meinem Vater an meine Mutter gefunden, und wenn er sie gelesen hätte, hätte er alles gewusst, wenn er nicht zufällig einen gesehen und sich darüber amüsiert hätte Rechtschreibung, er las nicht mehr, ich hatte Angst, zu eifrig zu sein, und bevor er sie geben konnte, wurde er krank und starb, und du hast diese Briefe jetzt, Anne, sie sind in dieser Kiste, ich Ich nehme an, ich habe dich dazu gebracht, zu behalten.

Er lehnte sich jetzt erschöpft zurück – nichts außer Mr. Stevens‘ unterstützender Hand hatte Mrs. Dorriman zum Schweigen gebracht. Sie war furchtbar aufgeregt: das grausame Unrecht, das ihr angehäuft wurde, die langen Jahre der Abhängigkeit, die sie so schrecklich geärgert hatten – alles kam vor ihr. Mr. Stevens legte seinen Arm um sie und führte sie aus dem Zimmer. Er sah, dass sie es nicht mehr ertragen konnte, sie war überreizt.

„Mr. Sandford öffnete die Augen und sah sie gehen.

"Ah!" Er sagte bitter: „Endlich habe ich sie von meiner Seite vertrieben, sogar ihr geduldiger Geist ist endlich geweckt. Margaret.“

„Ja“, antwortete sie mit eingeschränkter Stimme.

„Du verurteilst auch mich.“

Sie konnte nicht sprechen.

Die zahllosen Male, in denen sie gesehen hatte, wie er der armen Mrs. Dorriman gegenüber gewalttätig und missbräuchlich war, der grausame Schmerz, den es für die arme Frau immer gehabt hatte, seiner Gnade ausgeliefert zu sein, die Betrügerei, alles verwirrte und schockierte sie.

Mr. Stevens ging zurück, Christie lehnte immer noch wie eine Statue an der Tür.

„Wie Ihr Betrug erfolgreich war, kann ich nicht verstehen“, sagte er knapp.

„Wer war da, um Fragen zu stellen? Wer sollte wissen, was passiert war?“ fragte Herr Sandford; „Ich hatte nichts zu beweisen. Das Ergebnis der Täuschung meines Vaters war, alles einfach zu machen. Da ich mit ihm zusammengelebt hatte und zu seinen Lebzeiten als sein legitimer Sohn akzeptiert worden war, zu der Zeit, als er hätte sprechen können, warum sollte ich das nicht sein?" als sein legitimer Sohn akzeptiert wurde, als ihm die Rede verweigert wurde? Es gab keine Papiere, die irgendetwas beweisen oder widerlegen könnten, ich wurde gebeten, keine Taufurkunde vorzulegen, und niemand dachte daran, mich nach der Heiratsurkunde meiner Mutter zu befragen.

„Aber jetzt, da Sie alles wissen, unternehmen Sie die Schritte, die Sie möchten, um mich der Welt als Betrüger zu verkünden – was bedeutet das für mich? Niemand kann mir die sechs Fuß Erde verweigern, die alles ist, was ich direkt haben möchte."

„Sir", sagte Christie, „als Sie das Haus verkauften, geschah das aus Angst vor einem Urteil, wenn Sie darin wohnten?"

„Ich habe das Haus verkauft! Wie konnte ich dort leben, um auf Schritt und Tritt daran erinnert zu werden, dass es nicht wirklich mir gehörte? Jeder Baum, jeder Strauch schien ein Zeuge gegen mich zu sein. Ich verabscheute den Ort zunehmend."

„Und was hat dich glauben lassen, ich wüsste etwas?"

„Weil dein Vater so viel bei mir war", antwortete er langsam; „Ich war mir nie sicher, aber manchmal glaubte ich, er wüsste etwas."

„Er wusste nichts, aber er ahnte es; er sagte, als man das Anwesen verkaufte, sei es seltsam, dass ein wohlhabender Mann ein Familienanwesen nicht ohne triftigen Grund verkaufen würde … Aber meine Güte „Vater hatte Recht mit dem, was er sagte", rief sie aus, und ihre Augen leuchteten, als sie sah, wie die Erfüllung seiner Prophezeiung immer näher rückte. „Er sagte, du würdest dein eigenes haben, meine Liebe, und jetzt hast du es!"

Sie sprach, als ob Mrs. Dorriman noch anwesend wäre.

Margaret sah, dass Mr. Sandford fast das Bewusstsein verloren hatte, und sie trieb sie schnell weg und ließ ihn mit dem Arzt allein, den sie rief.

Frau Dorriman, die schon so lange von ihren Rechten ausgeschlossen worden war, war von dieser plötzlichen Umkehrung all ihrer gewohnten Schlussfolgerungen völlig überwältigt; All die langen Jahre ihrer Abhängigkeit hatten ihren Geist so sehr zerstört, dass es für sie schwierig war, ihre gegenwärtige Lage zu erfassen. Herr Stevens war voller Geduld.

„Und der Platz ist verkauft!" sagte sie mit dem plötzlichen Gefühl, es trotz allem nicht haben zu können.

„Ich denke, wir können den Mann, der es gekauft hat, dazu bringen, es aufzugeben", sagte Herr Stevens; „Wir werden es auf jeden Fall versuchen."

Sie weinte bitterlich; Sie erinnerte sich an die sanfte Unentschlossenheit ihres Vaters, selbst bei Kleinigkeiten, und tatsächlich wäre ihre Jugend viel, viel glücklicher gewesen, wenn er nur in der Lage gewesen wäre, dem überheblichen Temperament seines Sohnes standzuhalten; aber das Wissen um das Unrecht, das er ihm angetan hatte, ließ ihn ihm nachgeben. Er war ein Mann gewesen, der alles hasste, was seine Ruhe störte, und nur wenn er dazu gezwungen und gezwungen wurde, hatte er seinem Sohn die Wahrheit gesagt. Die Wirkung dieses Schlages war schrecklich. Dass man ihm erlaubte, mit der Gewissheit aufzuwachsen, dass seine Position sicher war, und dass ihm, gerade als er am meisten darauf bedacht war, den von ihm verehrten Margaret Rivers eine gerechte Zukunft zu bieten, alles unter den Füßen weggefegt wurde, hätte ihm fast den Kopf verdreht .

Mrs. Dorriman konnte ihren Bruder damals jedenfalls nicht sehen, und Mr. Stevens drängte sie nicht dazu. Er wusste, dass der Arzt nicht glaubte, dass eine unmittelbare Gefahr bestehe, er sollte sie nach Inchbrae begleiten, wohl im vollen Verständnis, dass sie einen zu großen Schock erlitten hatte, um sich sofort davon zu erholen.

Als sie Margaret wie selbstverständlich aufforderte, mit ihr zurückzukehren, war sie von ihrer Weigerung überrascht, fast verletzt.

„Ich habe das Gefühl, dass dir Glück bevorsteht, Tante Liebling“, antwortete Margaret; „Aber dieser höchst unglückliche Mann! Oh, schauen Sie nicht so betrübt! Ich muss tun, was ich für richtig halte. Ich kann ihn nicht mit dieser Reue allein lassen.“

„Ich kann nicht an ihn denken! Ich konnte ihn nicht sehen!“ sagte die arme Frau Dorriman mit einer Heftigkeit, die ihrer Natur völlig fremd war. „Oh, Margaret, wenn du wüsstest, was ich früher gelitten habe!“ Sie hörte mit einem plötzlichen Schluchzen auf.

„Glauben Sie nicht, dass ich nicht voll und ganz Mitleid mit Ihnen habe; es ist eine schreckliche Lage; er hat Sie verletzt, und es war äußerst grausam; aber, Tante, lassen Sie nicht zu, dass er Ihnen noch mehr Schaden zufügt, denn es gibt einen Dass dir dadurch noch mehr Schaden zugefügt wird, ist ein noch größeres Unrecht!“

Mrs. Dorriman wischte hastig die Tränen weg, die sie blendeten, und blickte Margaret mit leerem Erstaunen an.

„Eine weitere Verletzung, Margaret! Welche weitere Verletzung kann noch übrig bleiben? Ich habe sicherlich genug durch seine Hände gelitten?“

"Oh!" rief Margaret leidenschaftlich aus. „Siehst du nicht – kannst du nicht fühlen – wenn du zulässt, dass dir das in den Sinn kommt, wenn du zulässt, dass sich die Süße deiner Natur in Galle verwandelt, wenn deine Seele leidet und du sagst, dass es nicht möglich ist? verzeihen Sie – es wird eine tiefere Verletzung geben?"

Sie blieb stehen und verließ sie, und die arme Frau Dorriman stand da und schaute ihr nach, als erwarte sie ihre Rückkehr.

Schon einmal hatte sie einen erbitterten Kampf gehabt, und sie hatte vergeben. Sie ging in ihr Zimmer, wo alles für ihre Abreise bereit war, und schloss sich ein ...

Das Zimmer von Herrn Sandford war leer und trostlos. Er ließ niemanden in seine Nähe kommen. Er schickte Margaret weg, obwohl sie darauf bestanden hatte, ihm Essen zu bringen, und versucht hatte, mit ihm zu reden.

Er saß stundenlang da und litt sowohl körperlich als auch geistig sehr. Erst jetzt schien ihm klarer zu werden, was für ein Verbrechen er begangen hatte. Der Charakter seiner Schwester, der in seinen Augen so schwach war, war seiner Meinung nach für die Position, die sie hätte einnehmen sollen, ungeeignet; und das war seine eigene Ausrede vor sich selbst, als das Gewissen sich durchsetzte oder vielmehr versuchte, es zu tun.

Sie hatten ihn alle verlassen, dachte er. In der Halle hatte es ein geschäftiges Treiben und eine Bewegung gegeben, und er hatte Räder gehört.

Das Licht schwand schnell über dem Raum, durch den Schatten der Dämmerung, in dem sein Gesicht blass und weiß aussah.

Er wusste, dass seine Stunden gezählt waren, und er wollte beten; aber er hatte keine Gewohnheit zu beten; er hatte immer Angst gehabt...

Wie sehr er litt! Sein Herz schlug, als würde es bei jedem Schlag platzen.

Die Tür öffnete sich ganz langsam und er begann aufzustehen. Wer war der Eindringling? Wer war es, der seine Leiden verspottete?

Dann sprach eine sanfte Stimme aus dem trüben und schwindenden Licht: „Bruder!" und Frau Dorriman kam herbei und kniete neben ihm nieder.

„Ich habe mich geirrt", sagte sie. „Ich habe nur an mich selbst gedacht und war mir Ihres Unrechts nicht bewusst. Ich komme noch einmal, um Verzeihung zu sagen, da ich selbst auf Vergebung hoffe."

Ihre Stimme verstummte. Sie hörte ihn mit sehr leiser Stimme inbrünstig sagen: „Gott sei Dank!" und sie fuhr fort:

„Aber obwohl ich möchte, dass du das weißt – dass du versuchst, das mir angetane Unrecht zu vergessen –, gibt es noch etwas anderes, an das du dich wenden und um Vergebung bitten kannst."

Sie spürte, wie seine Hand ihre umfasste; und wie in einem Traum kam das erste Gebet der Kindheit über seine Lippen: „Vater unser!"

Sie verließ ihn nach einer Weile; aber sie ging in dieser Nacht nicht weg.

Am nächsten Tag sah sein Diener, der in dem kleinen Vorzimmer schlief, dass er mit dem Schreiben beschäftigt war, legte sich dann hin und schlief nun.

Der Arzt kam und sah ihn und wies an, dass jemand neben ihm bleiben sollte.

Die Stunden vergingen, aber Christie, die dort saß, bemerkte keine Veränderung, nur eine größere Stille schien den Raum zu erfüllen.

Dann sah sie plötzlich, dass der Schlaf der ewige Schlaf war, der hier kein Erwachen kennt.

Frau Dorriman in Inchbrae litt wieder einmal lange unter den Auswirkungen all der Unruhen, die sie durchgemacht hatte. Die letzte Nacht in Mr. Sandfords Leben verbrachte er damit, ihr zu schreiben, aber selbst Mr. Stevens sagte sie nichts über den Inhalt seines Briefes, nur getröstet durch das geflüsterte Gebet, das ihre letzte Erinnerung an ihn war. Ein Punkt lag ihr am Herzen: die Wiederherstellung des alten Ortes und ob es irgendeine Notwendigkeit gab, die Welt über dieses schmerzhafte Kapitel in der Familiengeschichte zu informieren.

Herr Stevens arrangierte beide Angelegenheiten für sie. Nachdem Mr. Sandford seiner Schwester testamentarisch alles hinterlassen hatte, zahlte sie die Erbschaftssteuer für das Geld, das sich, wie sich herausstellte, enorm angesammelt hatte.

Sandford wurde zurückgekauft und neu eingerichtet, und unter Mrs. Macfarlanes Fittichen änderte Mrs. Dorriman erneut ihren Namen, und Mr. und Mrs. Stevens Sandford gingen in das alte Haus. Auf ihren ausdrücklichen Wunsch hin gab es keine großen Freuden – in ihrem Herzen würde für lange Zeit das Gefühl einer schrecklichen Vergangenheit bleiben, die nur die Zeit mildern und heilen konnte.

Aber so wie ein Baum, der unter grausamer Einwirkung und ungünstigem Boden erstickt und verdorben wurde, wieder auflebt und erblüht, wenn er in milde Luft verpflanzt wird, so wurde Frau Dorrimans Charakter (wir müssen sie immer noch Dorriman nennen) fester und stärker.

Sie hatte viel zu vergessen, aber die Liebe ist ein wichtiger Faktor, und da es sich um ein Thema handelte, bei dem Mr. Stevens Sandford ihr nach dem ersten nicht erlaubte, weiter darüber nachzudenken oder darüber zu sprechen, ging es ihr nach und nach aus dem Kopf.

Sie hatte nun ein erfüllteres Leben, Söhne und Töchter scharten sich um sie und schenkten ihr die Liebe, nach der sie sich gesehnt hatte.

Margaret und ihr Mann waren damit zufrieden, ein ruhiges, nützliches und glückliches Leben zu führen. Ihre anderen Kinder verbannten das erste nicht aus ihrem Gedächtnis, und ihre Stimmung war nie gut. Aber sie war glücklich und fröhlich. Das einzige ständige Kribbeln auf der Oberfläche ihres sanfteren Meeres war ihre Schwester.

Grace war immer dieselbe Grace – in einem Moment hatte sie ihren Mann leidenschaftlich gern und überschüttete ihn mit Zuneigung und Zärtlichkeit, im nächsten stritt sie sich heftig mit ihm und beschuldigte ihn fast jeder im Dekalog erwähnten Sünde.

Dennoch behielt sie seine Zuneigung! Sie gehörte zu den provozierenden, irritierenden und doch charmanten Menschen, die die Leidenschaft eines Mannes nach Belieben beeinflussen konnten, und sie hatte den stärksten Anspruch auf die Nachsicht eines großzügigen Mannes: Krankheit.

Sie war für ihre Schwester eine ständige Überraschung und oft eine schreckliche Sorge.

Margarets Gedichte waren nicht mehr leidenschaftlich oder sogar kraftvoll. Es wurde gesagt, und zwar mit einem großen Teil der Wahrheit, dass das großartigste Gedicht ebenso wie die erhabenste Musik dem menschlichen Elend entspringt, aber das trifft auf Poesie in Moll zu.

Margarets Ehemann nennt einen weiteren Grund für ihr Schweigen. Die ständige Fürsorge und Aufmerksamkeit, die jeder Kreatur in ihrem Umkreis geschenkt wird – sie ist eine der Frauen, die ihr größtes Glück darin findet, es anderen zu schenken.

Christie lebte nicht lange; Sie sah, wie ihre geliebte Herrin in ihrem alten Zuhause untergebracht wurde, und starb bald darauf, glücklich, dass jetzt alles geschehen war.

Und Jean? Jean überraschte alle und heiratete einen fleißigen, zuverlässigen Mechaniker bei Renton.

Sie alle riefen aus, als sie ihre Heirat ankündigte, und Frau Dorriman sagte:

„Und du, Jean, der es so schrecklich findet, in der Nähe von all dem Rauch zu leben, und der es so anders findet, als du es gewohnt warst?“

„Eh, Ma'am", antwortete Jean und grinste über beide Ohren, „es ist nicht der Ort, es ist der Mann!"

DAS ENDE.

---

[1] Highland-Mütze für verheiratete Frauen.